PRINCIPIOS DE
PODER ESPIRITUAL
EN EL CRISTIANO

PRINCIPIOS DE
PODER ESPIRITUAL
EN EL CRISTIANO

ABRAHAM ALVARADO

PALABRA PURA
palabra-pura.com
2022

Principios de poder espiritual en el cristiano

Copyright © 2022 por Abraham Alvarado

Todos los derechos reservados

Derechos internacionales reservados

ISBN: 978-1-951372-32-3

Las citas bíblicas de esta publicación han sido tomadas de la Reina-Valera 1960™ © Sociedades Bíblicas en América Latina, 1960. Derechos renovados 1988, Sociedades Bíblicas Unidas. Utilizado con permiso.

Apreciamos mucho HONRAR los derechos de autor de este documento y no retransmitir o hacer copias de éste en ninguna forma (excepto para el uso estrictamente personal). Gracias por su respetuosa cooperación.

DISEÑO: Iuliana Sagaidak

EDITORIAL: Palabra Pura, www.Palabra-Pura.com

CATEGORÍA: Religión / Vida cristiana / Crecimiento personal

TABLA DE CONTENIDO

Prólogo / 11
Palabras del autor / 13
Introducción / 15
Capítulo 1: La fuente de todo poder / 17
Capítulo 2: El poder que trae volverse a Dios / 27
Capítulo 3: El proceso seguido para obtener el poder cristiano / 35
Capítulo 4: Pequeños pero poderosos en Cristo / 43
Capítulo 5: Actitudes que conducen al poder espiritual / 49
Capítulo 6: El poder sin justicia es la peor debilidad / 61
Capítulo 7: El carácter de un cristiano poderoso / 69
Capítulo 8: El poder espiritual no se hereda, se construye / 75
Capítulo 9: Los límites de poder espiritual (caso de Uzías) / 87
Capítulo 10: El poder y la obediencia / 93
Capítulo 11: El poder en momentos difíciles / 99
Capítulo 12: El poder espiritual y las actitudes / 105
Capítulo 13: El poder de la verdad / 113
Capítulo 14: El poder en la unidad / 121
Capítulo 15: La razón del poder espiritual / 129
Capítulo 16: Proteja sus derechos con el poder espiritual / 137
Capítulo 17: El poder de la oración / 143
Capítulo 18: El poder de la esperanza / 151
Conclusión / 159

PRÓLOGO

Este libro, Principios del poder espiritual del cristiano, es el resultado del sueño que Dios puso en mi corazón a principios del año 2018. Este deseo, desde un inicio, consistió en crear un libro cuyo propósito fuera fortalecer las vidas de los nuevos creyentes en Cristo Jesús.

Este material está escrito en un lenguaje sencillo y de fácil comprensión; de manera que el lector pueda aprovechar su contenido ya sea mediante el estudio individual, en grupos familiares o en clases de discipulado.

La Palabra de Dios dice: «Bienaventurados los que tienen hambre y sed de justicia porque ellos serán saciados» (Mateo 5:6). Así, espero en Dios que cada tema aquí expuesto sacie la sed espiritual de todo lector; refresque y traiga gozo a su alma; y aún refrigerio y descanso para su cuerpo físico, el cual, aún en el caminar cristiano, experimenta momentos de agotamiento.

Nosotros ya contamos con la gracia de Dios, pero es nuestra responsabilidad esforzarnos y resistir: permanecer fieles al Señor en medio de las miles de tentaciones que enfrentamos en el mundo de hoy.

Aunque la salvación del alma es un milagro, también es un regalo que se recibe mediante la fe; y se recibe por fe para vivir en fe. Por tal razón, quiero presentarle los principios que la palabra de Dios enseña para crecer en la gracia y en el conocimiento de nuestro Señor y Salvador Jesucristo.

Estos principios son los mismos que han mantenido firmes a todos los cristianos de todas las edades; y yo mismo puedo testificar que han sido igual de efectivos en mi propia vida. Por ello puedo decir con firmeza: ¡Funcionan! Y funcionan muy bien. Todas las promesas de Dios están fundadas en principios, y no sólo atañen a la salvación del alma en la vida futura, sino aún para el desarrollo de una vida de poder en Cristo en el presente siglo.

Bienvenido, que bueno que estamos juntos en este recorrido, y seguro estoy que, tomados de la mano del Señor, y con la dirección del Espíritu Santo, usted disfrutará de un hermoso paseo por las Sagradas Escrituras y será fortalecido y lleno de la gracia de Dios. El avivamiento debe estar enfocado en Cristo. El propósito del derramamiento del Espíritu no es presumirlo ni promover ministerios. Avivamiento es la muerte del *yo*. Implica entender que el Dios santo está más interesado en el ser que en el hacer. Los corazones humillados de aquellos que tienen hambre de ver la gloria del Señor, constantemente claman al Padre por un despertamiento espiritual. Su oración es semejante a la súplica del salmista: ***¿No volverás a darnos vida, para que tu pueblo se regocije en ti?*** (Salmos 85:6).

PALABRAS DEL AUTOR

Doy gracias a Dios, y al Señor Jesucristo por el milagro de mi salvación. Dios tuvo misericordia de mí, y perdonó mis pecados en aquel glorioso día del año 1980; y desde entonces, pasados ya 40 años, Él ha sido mi amparo y fortaleza.

En los primeros diez años de mi servicio al Señor en mi país natal, El Salvador, el Señor me concedió estudiar el plan básico de educación cristiana para América Latina de Las Asambleas de Dios, donde recibí el título de Profesor en Biblia. En el año de 1990 viajé a Estados Unidos con el gran deseo en mi corazón de continuar mis estudios teológicos, pero tuve grandes tropiezos para lograrlo. Primero por la barrera del idioma y luego por las presiones económicas, lo que me obligo a buscar un empleo secular; y así me mantuve varios años.

Durante este tiempo estuve aún con la idea de continuar estudiando; sin embargo, las universidades teológicas por aquel tiempo sólo tenían currículos de estudios en inglés, y además, eran muy costosas. Con todo, no renuncie a ese sueño que ardía en mi mente y corazón, cada vez más.

Finalmente, Dios me abrió la puerta que había estado esperando durante todos estos años y fui admitido en la

Universidad Hope Brigades en Los Ángeles, California, en donde, el Señor, en su infinito amor, me concedió estudiar una maestría en Divinidades, y luego un Doctorado en Teología.

Le debo tanto al Señor; y mi propósito al compartir este estudio es dar de gracia lo que de gracia he recibido. Todo lo que tengo ahora lo he recibido del Todopoderoso y a Él sea toda la gloria.

INTRODUCCIÓN

EL NUEVO NACIMIENTO espiritual es un acto maravilloso de Dios; sin embargo, es sólo el inicio de una vida de crecimiento. Tal y como sucede con un niño recién nacido, el nuevo convertido necesitará muchos cuidados y una alimentación especial, y continua, para su crecimiento espiritual. Eso es exactamente lo que el Señor, por boca de Pedro, recomienda al decir:

«Desead, como niños recién nacidos, la leche espiritual no adulterada, para que por ella crezcáis para salvación» (1 Pedro 2:2).

La palabra de Dios es el alimento sustancioso y especial que necesitamos todos los que queremos crecer saludables y fuertes en nuestra nueva vida con Cristo. En esta nueva vida, enfrentaremos muchos obstáculos; sin embargo, contamos con nuestros padres espirituales; ellos son quienes nos enseñarán la palabra de Dios y nos protegerán de los peligros que nos amenazan a diario. Sin duda, todos pasamos por momentos difíciles, pero gracias sean dadas a Dios, quien nos ha dado su Espíritu Santo para guiarnos, y el consejo sabio de la Palabra alumbrará siempre el sendero por donde debemos andar.

«Lampara es a mis pies tu palabra, Y lumbrera a mi camino» (Salmos 119:105).

Así como David se amparó en la palabra de Dios en los momentos oscuros de su vida, muchos niños, jóvenes y adultos —hombres y mujeres de todas las edades—, también se han fortalecido amparándose a la luz divina que la palabra de Dios representa.

Si el lector es un joven nacido en un hogar cristiano, quiero decirle que usted necesita tener su propia luz: el nuevo nacimiento y el crecimiento espiritual es una experiencia personal. La relación que Jesucristo demanda a cada individuo es una relación estrictamente personal. David dijo: «*Lámpara es a mis pies tu palabra*», y nosotros podemos en Cristo decir lo mismo, pero, ¿es esa luz que alumbra mis pies la misma que pueda alumbrar al resto de mi familia? Realmente no, pues la experiencia con Dios es una experiencia personal, y cada uno de ellos necesitará tener la suya propia; pues sólo cuando nos encontramos con esa maravillosa luz, podemos testificar de ella, y hacer que ésta ilumine nuestro andar en pos de Cristo.

Pero esta luz —o el poder de andar en la luz— no es solo para los jóvenes, también es para aquellas personas que ya tienen tiempo en el camino del Señor, pues todos en algún momento de nuestra vida cristiana hemos pasado por valles de sombra y de muerte (Salmo 23:4). En esos momentos difíciles, de enfermedad, de pobreza, de rechazo, de persecuciones, la luz de la palabra de Dios nos muestra el camino correcto. Y cuando esta luz alumbra nuestro camino, podemos vivir sin ningún temor, pues tenemos entonces la seguridad de que el Señor nos acompaña paso a paso.

Los breves consejos que a continuación compartiré con usted le ayudaran a fortalecer su fe. Usted será entrenado como un buen soldado de Jesucristo, a fin de permanecer firme en todo tiempo de lucha, pues la Biblia dice:

«*Vestíos de toda la armadura de Dios, para que podáis estar firmes contra las asechanzas del diablo*» (Efesios 6:11).

Capítulo 1

LA FUENTE DE TODO
PODER

Toda aquella persona que ha nacido de nuevo está segura de que la vida cristiana es la mejor vida que se puede vivir en esta tierra. Para él o ella, sus pecados han sido perdonados y se ha convertido en un hijo(a) de Dios y heredero(a) de sus poderosas promesas.

No obstante, al tiempo que le es otorgada por el Espíritu Santo esta nueva identidad, también se convierte en un enemigo del sistema pecaminoso que opera en el mundo, y esto lo hace blanco de todos aquellos que aborrecen a Dios; es decir, de satanás y de sus seguidores. Por tal razón, todo seguir de Jesucristo necesita el poder divino para vencer en contra de toda clase de ataques en su vida espiritual. Nuestra lucha es una lucha contra el mal.

¿QUÉ ES EL PODER CRISTIANO?
Casi siempre que hablamos de la palabra *poder* la asociamos con la fuerza física o la fuerza de la naturaleza. Quizá nos estemos refiriendo a terremotos, sunamis, maremotos, o al poder del

fuego, que consume todo lo que encuentra a su paso al producirse un incendio. La fortaleza física de una persona se puede medir por su estatura y peso, por ejemplo, el gigante Goliat infundio temor a los Israelitas por su gran estatura y su fuerza. Pero no es esta fuerza o poder el tema de este libro, sino más bien, estaré tratando aquí de lo que concierne a la fuerza y al poder espiritual del cristiano.

Un día el filósofo chino Lao-Se se acercó un poco a la definición del verdadero poder al decir:

«El hombre que puede controlar a otro hombre, es un hombre capaz de controlarse a sí mismo; este es un hombre poderoso».

Sin embargo, nosotros sabemos que el hombre a través de los siglos ha sido incapaz de auto controlarse; es por ello que es un pecador, y todo pecador está expuesto a la condenación eterna, según podemos leerlo en Romanos 6:23: «*Porque la paga del pecado es muerte...*»

El poder físico y el poder sobrenatural

La estatura y lo musculoso del gigante Goliat (1 Samuel 17:34) era lo que tenía atemorizados a los israelitas en su guerra contra los filisteos. Ni siquiera el rey Saul, el más alto del ejército Israelita, se sentía capaz de enfrentarse con aquel gigante.

Cuando estaban en esta situación, apareció un muchacho que no aparentaba tener mucho poder físico, pues todavía era un adolescente; sin embargo, David había sido ungido, y poseía un poder fuera de lo común, un poder que nadie más poseía. Es que lo débil del mundo escogió Dios para avergonzar a lo fuerte (1 Corintios 1:22-30); por tanto, la valentía y el poder de David no se basaba en la fuerza física, sino en su confianza en Dios (1 Samuel 17:34-37).

El verdadero poder no se mide por la estatura o por la autoridad de un cargo político, por ello, David no cometió el error de comparar sus fuerzas con las del gigante Goliat; antes bien, David comparó las fuerzas del gigante con las del Dios Todopoderoso. Ni la estatura ni la experiencia del gigante atemorizaron a David (1 Samuel 17:43-46).

Si la guerra es de palabras, David tenía las palabras más poderosas: «En el nombre de Jehová de los ejércitos». Dios usa lo que tenemos para darnos la victoria, el puede usar las pocas fuerzas de un muchacho y usará las suyas también, Él no está limitado por las armas físicas, pues dice: «*No es con ejército, ni con fuerza, sino con mi Espíritu, ha dicho Jehová de los ejércitos*» (Zacarías 4:6).

Medir nuestras fuerzas con las de los demás siempre conduce a la derrota. David no cometió ese error, el confió en el poder de Dios. Cuando honramos a Dios, Él nos honrará a nosotros dándonos la victoria sobre nuestros enemigos. Nuestros enemigos no son gigantes de carne y hueso sino principados, huestes de maldad en los lugares celestes (Efesios 6:12). Por tal razón, no podemos enfrentar a los enemigos de nuestras almas con nuestra propia fuerza, sino con el poder del que nos llamó como soldados de Cristo.

El poder y la autoridad

Otro concepto común es creer que el poder y la autoridad es una misma cosa o creer que el poder conduce a la autoridad, pero no necesariamente esto es así. Uzías tenía el poder como rey de Israel, pero no tenía la autoridad para ejercer el oficio de sacerdote; y cuando él violo ese principio, Dios le quito todo.

Con frecuencia escuchamos la frase *el saber es poder*, y esto es verdad en cierta forma; sin embargo, para usar ese poder —el poder *de saber*—, en forma legítima, debe existir una autorización. Hay cosas que no estamos autorizados a hacer, aunque tengamos el poder para hacerlas.

Por otro lado, podemos tener autoridad para hacer algo, pero no el poder. De esto tenemos un ejemplo bíblico con el rey Saul. Él tenía la autoridad para enfrentar al gigante, pero no tenía el poder para vencerlo; no obstante, David *tenía* el poder, pero necesitaba la *autorización* de Saul para enfrentarse con aquel gran enemigo del pueblo de Dios.

David es un gran ejemplo de poder y autoridad espirituales. Cuando estos dos elementos trabajan juntos y legítimamente, la victoria está asegurada. Así, David enfrento al enemigo y lo venció. Eso es lo que quiere Jesús de sus discípulos; Él los autorizo para ir por todo el mundo a predicar el evangelio Mateo 28:19 y 20, y luego, en el libro de Hechos, vemos cómo Él no sólo los autorizó, sino los empoderó (Hechos 1:8, 2:1-4). Gracias a ese poder autorizado de parte de Dios podemos predicar con el poder del santo evangelio.

Cómo se produce el poder espiritual

Esto *no* es una formula química o psicológica sino una promesa divina que nos hizo el Señor Jesucristo poco antes de ascender al cielo, después de su muerte y de su resurrección. La encontramos, en Marcos 16:15-18:

«Y les dijo: Id por todo el mundo y predicad el evangelio a toda criatura. El que creyere y fuere bautizado, será salvo; mas el que no creyere, será condenado. Y estas señales seguirán a los que creen: En mi nombre echarán fuera demonios; hablarán nuevas lenguas; tomarán en las manos serpientes, y si bebieren cosa mortífera, no les hará daño; sobre los enfermos pondrán sus manos, y sanarán».

El saber es toda la información que podemos acumular durante nuestra vida: no obstante, la información puede ser correcta o incorrecta a la luz de la palabra de Dios. Por otro lado, la convicción es lo que creemos respecto a lo que sabemos. El Señor Jesucristo advirtió sobre esto al decir: «No todo el que me dice: Señor, Señor, entrará en el reino de los cielos, sino el que hace la voluntad de mi padre que está en los cielos» (Mateo 7:21).

Por tal razón, nuestras convicciones deben de tener su base en la verdad de la palabra de Dios, la cual refleja su santa voluntad. Cierto pensador dijo:

«El peor error que puede cometer una persona sabia es engañarse a sí mismo». Ya que sabe mucho, cree que nadie lo puede engañar, entonces se engaña el solo. Por tanto, le recomiendo que revise sus convicciones. El proverbista nos sugiere la fórmula de una correcta convicción al escribir: «*Fíate de Jehová de todo corazón, Y no te apoyes en tu propia prudencia* (Proverbios 3:5).

Todo lo que pretendiendo ser verdad se aparta de la verdad de Dios, se trata tan sólo de puntos de vista personales. Hay ocasiones que nuestras convicciones pueden ser influenciadas por una mala información o por una mala interpretación de la verdad; en otros casos nuestras convicciones pueden ser influenciadas por la convivencia con las personas equivocadas, o bien, desmoronarse debido a intereses personales que juzgamos son más importantes.

El poder debe usarse con responsabilidad

Dios nos creó con capacidades maravillosas. Nos dio un voto de confianza, y quiso que usáramos todas estas capacidades para la gloria y la honra de su nombre. En nosotros, que fuimos formados del polvo de la tierra (es decir, de lo más bajo y vil), Dios quiso poner su aliento de vida, y con ello, todo lo bueno que Él tiene. Dios nos ha dotado de tantas virtudes eran necesarias para ser dignos exponentes de su imagen. Lamentablemente, esa imagen fue dañada y oscurecida por el pecado.

La desobediencia al mandato divino no solo trajo vergüenza y temor, sino también separación de la presencia de Dios. La expulsión del Edén de la primera pareja causó también una maldición para toda la raza humana de ahí en delante. Así, la única forma en que el hombre puede volver a su estado original es volverse a Dios arrepintiéndose de todos sus pecados.

Dios dio a Adán y Eva el poder para tomar sus propias decisiones, pero ellos usaron este poder irresponsablemente y sufrieron las consecuencias de ello (el mal uso de estas capacidades es lo que ha llevado a la raza humana a su propia destrucción). Este es el mismo error que ha cometido toda la humanidad desde entonces; y siendo que la tarea que ahora resta, es recuperar mediante Jesucristo ese poder y autoridad perdidas, debemos recordar esto: que Dios nos ha dado el poder y la autoridad, pero todo continúa siendo de Él (Salmo 24:1). Él y sólo Él es el propietario de todo.

Todos: los grandes y los fuertes; los poderosos, los reyes y emperadores; así como cada uno de mis vecinos y compañeros de trabajo, todos y cada uno de nosotros somos tan solo administradores de las riquezas de Dios. No hay poder ni riqueza humana que se escape del control de Dios porque todo le pertenece a Él (Hageo 2:6-9); siempre Dios tiene la última palabra y Él tiene el dominio supremo sobre todo. El hombre puede acumular riquezas y presumir del poder que éstas le dan, pero vivirá en esta tierra hasta que Dios se lo permita, e inclusive, en cuanto a las riquezas mismas, puesto que todo es de Dios, si Él decide tomar lo que le pertenece, lo toma, y no hay quien pueda detenerlo. De esto tenemos como ejemplo lo que sucedió con el rey Belsasar, quien, cuando fue pesado en la balanza del Todopoderoso, fue hallado falto (Daniel 5:25-27).

EL HOMBRE SE JACTA DE SU PODER Y SE ALEJA DE DIOS, PERO ÉL LO AMA

Aunque el pecado causo la separación del hombre y su Creador, Dios lo sigue amando; es por ello que lo llama a la reconciliación, porque a pesar de su desobediencia, Dios siempre continuará amando a la humanidad.

El ser humano se jacta de todos sus triunfos. Los nuevos descubrimientos científicos avanzan día con día; sin embargo, esto, en lugar de ayudar al hombre a reconocer al Creador, ha causado —por causa de la soberbia humana— que éste se aleje cada vez más de Él. El mal uso del poder y las habilidades que Dios mismo ha dado al hombre le han convertido en un dios para sí mismo, y su corazón se ha inclinado por el hambre insaciable de un poder efímero.

El hombre gasta billones de dólares en experimentos que conducen a la creación de nuevas armas de destrucción masivas, para aumentar su poder militar. Pero ante los ojos de Dios, el ser humano sigue siendo una partícula de polvo, y jamás su poderío, por más grande que nos parezca, podrá compararse con el del Señor.

El hombre renuncia al poder del reino de los cielos para crear su propio reino aquí en la tierra, aunque este le dure por muy poco tiempo; prefiere un poco de poder momentáneo que abrazar el reino eterno del Dios Todopoderoso: un reino de paz y no de guerras, un reino de vida y no un reino de angustia y de muerte.

Todo lo que este mundo ofrece: el avance tecnológico, las riquezas, la fama, la popularidad, etc., no ha podido —ni podrá— dar al ser humano la paz y la seguridad que otorga el poder del Príncipe de Paz, nuestro Señor Jesucristo. Pero cuando el hombre vuelve en amistad con Dios, entonces puede gozar de ese poder eterno y de la completa seguridad que Él ofrece (p.ej. Salmo 91:1). Con la llegada de Cristo al corazón humano, el temor y la ansiedad desaparecen; porque Él guarda nuestra salida y nuestra entrada eternamente y para siempre. Asimismo, el terror nocturno no existe más, porque contamos con las promesas de seguridad que solo se encuentran en Dios. Toda seguridad que podamos recibir de algo o de alguien siempre será momentánea y limitada, pero lo que Dios nos otorga es duradero y eterno.

DIOS PUEDE Y DESEA LA RESTAURACIÓN DEL SER HUMANO

Dios ha buscado la restauración del hombre desde el principio de la historia. Él mostró su amor para su creación, y cuando el hombre cayó, ya Él había proveído para él un plan para su restauración espiritual.

En el libro de Génesis, luego de los acontecimientos narrados en los capítulos del tres al once (en donde se describe el descenso moral del hombre, su depravación, y las acciones de Dios en este respecto), en el capítulo 12 inicia el plan de redención y restauración de la raza humana. Todo inicia con un hombre llamado Abraham; un hombre de edad avanzada que vivía con su esposa Saraí, una mujer hermosa, pero estéril. A ellos Dios les prometió que su descendencia sería tan numerosa como las estrellas del cielo, y tan incontable como la arena del mar (vea Genesis 15:5 17:4, 5; 12:3).

Su propósito era crear una nación que llevara su gran Nombre por toda la tierra. Esto nos demuestra que Dios puede hacer cosas grandes con un solo hombre. Usted puede ser esa persona en la que Dios derrame su poder para bendición, no sólo para usted, sino para toda su familia, y para muchas familias en la tierra.

Dios prometió a Abraham que en su descendencia serían bendecidas todas las familias de la tierra (Genesis 12:3). El poder de Dios funciona en todos los aspectos de nuestra vida física y espiritual. Dios empodero a una mujer, a Saraí; y a un hombre, a Abraham, para procrear un hijo aun cuando ellos, desde el punto de vista humano estaban imposibilitados para hacerlo; sin el poder de Dios eso no hubiera sido posible. De esa pareja se fundó el pueblo de Israel de donde vino David y posteriormente Jesús, el hijo de Dios, quien fue el único que pudo quitar el pecado del mundo (Juan 1:29).

Cuando Dios nos pide algo es porque quiere darnos algo más grande

«*Volveos a mi represión; He aquí yo derramare mi espíritu sobre vosotros, Y os hare saber mis palabras*» (Proverbios 1:23)

Este llamado es para retomar algo que ya tuvimos en el pasado; algo que Dios desea que recuperemos. Sin embargo, no sólo el Creador desea recobrar por nosotros algo bueno que hubimos perdido, sino algo mucho más grande. Volver a Dios es volverse a sus propósitos divinos: empoderarnos y usarnos para su gloria. El Señor desea derramar su Espíritu de poder sobre cada uno de nosotros, y esto será únicamente posible cuando nos volvamos a Él. El poder espiritual viene después de una nueva revelación de su gracia; una revelación nueva y fresca de la santa Palabra de Dios que iluminará nuestro andar el resto de nuestra vida terrena.

Cuando Dios nos pide que nos rindamos a Él de todo corazón no es porque desea hacer de nuestras vidas unas vidas miserables, sino porque sabe, que, si lo hacemos así, el camino para recibir de Él grandes cosas estará allanado. Ninguno de nosotros sabe hasta dónde el Señor desea llevarnos hasta que nos rendimos a Él de todo corazón y se lo entregamos todo a Él.

CAPÍTULO 2

EL PODER
QUE TRAE VOLVERSE A DIOS

El amor y la misericordia de Dios son tan grandes, que, a través de toda la Biblia, Él hace un continuo llamado a volverse a Él; y no sólo a aquellos que nunca le han conocido, sino especialmente, a los que ya son sus hijos y que, por diversos motivos, se han apartado de Él. Es un llamado a su pueblo escogido, a su especial tesoro.

En estos momentos tomo ocasión para orar al Señor, que su Santo Espíritu traiga luz a los corazones de todos aquellos que están lejos, que Dios les dé el creer y el atender a ese maravilloso llamado de amor que Él les hace cada día. Este es un llamado digno de atenderse. Es un llamado a sus siervos caídos, a quienes Él desea restaurar verdaderamente.

Este también es un llamado a reconocer que somos un pueblo especial para Dios. Como Él mismo lo expresa por medio del profeta Isaías (vea Isaías 44:21-23) cuando habla a Israel, cuando le dice a su pueblo que recuerde algunas cosas que éste ha dejado en el olvido.

DIOS NOS LLAMA A RECORDAR QUE LE PERTENECEMOS

«Acuérdate de estas cosas, oh Jacob, e Israel, porque mi siervo eres. Yo te formé, siervo mío eres tú; Israel, no me olvides» Isaías 44:21.

Dios no sólo formó a su pueblo; también lo redimió (lo compro) y lo rescató de la esclavitud de Egipto. Israel no fue producto de una simple división de poderes o de una guerra interracial, o algo por el estilo; el Israel de la Biblia fue formado con un propósito especial: dar a conocer el poder y la santidad de Dios al mundo entero. Sin embargo, el pueblo de Israel no estaba cumpliendo con este propósito al apartarse de Dios e ir tras dioses ajenos.

Dios reclama lo que le pertenece, pues dice: *Mío eres tú, yo te formé*; como diciendo, yo te reamé; yo borré todas tus rebeliones para que vivas en mi poder y en mi santidad, y no sufras innecesariamente. El Señor nos ama y su deseo es llenarnos de su amor y poder para que vivamos en la libertad y en la seguridad que solo Él puede dar.

Dios sabe todo de nosotros, Él sabe lo que pensamos, porque nos creó como seres *inteligentes*. Él sabe lo que sentimos porque puso en nosotros *sentimientos*; y Él sabe cuándo tomamos decisiones equivocados, porque nos dio también una *voluntad*.

Cuando Dios nos llama a volver a Él, apela a las capacidades que ya ha puesto dentro de nosotros. De manera que Él desea que usemos adecuadamente esas capacidades que Él nos dio a fin de que tengamos paz y le sirvamos, pues fuimos creados para servirle; somos criaturas cuyo objetivo original fue traerle gloria.

Todos tenemos la capacidad de responder al llamado de Dios: podemos responder positivamente, pero también negativamente. Podemos responder en obediencia o rebelarnos contra Él. No obstante, Dios espera que respondamos con gratitud, y apela a los sentimientos, la inteligencia y la voluntad que Él nos ha dado. Por eso le dice a su pueblo: «*Yo deshice como una nube tus rebeliones, y como niebla tus pecados; vuélvete a mí, porque yo te redimí*» (Isaías 44:22).

Dios nunca pide algo de nosotros que no estamos capacitados para dar, por eso debemos ser agradecidos y atender a la voz de Dios.

La gratitud es un compromiso moral

La persona agradecida jamás olvida el bien recibido; y su compromiso moral es algo que le ata a la persona que lo ayudó en un momento difícil. Es posible que nunca podamos corresponder o pagar el favor recibido, pero guardamos en nuestro corazón eterna gratitud y admiración hacia esa persona que nos fue de bendición.

Si usted hace algo de memoria, seguro encontrará los recuerdos de muchas personas que en algún momento de su vida han mostrado amor y compasión para con usted. Dios pone en nuestro camino a personas que son sus ángeles, personas que han sido instrumentos de Él para hacernos bien. Para con cada uno de ellos tenemos un compromiso moral.

Lo mismo sucede con nuestro Dios. Él nos da cada día sus beneficios, cada día recibimos miles y quizá millones de bendiciones de las cuales ni siquiera estamos conscientes, pero gozamos de ellas y nos traen bienestar. Dios es el Creador de todas estas cosas buenas, y siempre debemos tener presente sus bienes para con nosotros. Dice la Biblia que Él hace salir su sol sobre buenos y malos y hace llover sobre justos e injustos (Mateo 5:45). Toda persona sobre la tierra recibe las bendiciones de Dios.

La gratitud a Dios es un compromiso espiritual

Si asumimos un compromiso moral para con las personas que en algún momento de nuestra vida nos tendieron la mano; ¡cuánto más grande debe ser nuestra gratitud y compromiso para con Dios, quien no sólo nos da de su bien físico, sino que nos sacó de la prisión del pecado y del domino de satanás!

La gratitud hacia Dios despeja nuestro camino y nos hace estar preparados para recibir mayores beneficios de Él. Dios hace desaparecer de nuestra vida todo obstáculo. Hay situaciones tan difíciles, que cuando estamos en medio de ellas quizá podamos decir coloquialmente: «Ando que no me calienta ni el sol»; pero nuestra gratitud a Dios nos da la fuerza para seguir confiando en Él. Malaquías 4:2 dice: «*Mas a vosotros los que teméis mi nombre, nacerá el Sol de Justicia, y en sus alas traerá salvación; y saldréis, y saltaréis como becerros de la manada*».

LA GRATITUD CONDUCE A ALABAR AL DIOS VIVO

Un corazón agradecido reconoce la grandeza de Dios; y si Dios demanda adoración de los elementos naturales tales como los cielos, las profundidades de la tierra, los montes y todo árbol, ¡cuánto más la demandará de nosotros, quienes fuimos hechos a su imagen y semejanza! Lo menos que podemos hacer es alabarle y honrarlo a cada minuto de nuestra vida, porque Él es bueno y para siempre es su misericordia (Salmo 100).

En el primer capítulo del libro de Efesios Dios nos repite este concepto tan importante. En Efesios 1:5-6 nos dice que nos predestinó «*para ser adoptados hijos suyos por medio de Jesucristo, según el puro afecto de su voluntad, para alabanza de la gloria de su gracia, con la cual nos hizo aceptos en el Amado*». Luego continúa diciendo: «*a fin de que seamos para alabanza de su gloria, nosotros los que primeramente esperábamos en Cristo*» (Efesios 1:12). Finalmente, en este mismo capítulo, Pablo, por el Espíritu nos sigue diciendo: «*... que es las arras de nuestra herencia hasta la redención de la posesión adquirida, para alabanza de su gloria*» (Efesios 1:14).

En Apocalipsis capítulo 5 podemos leer la descripción de los santos ángeles de Dios que no cesan de alabarle día y noche. Nosotros debemos tomar este ejemplo y alabarle de corazón constantemente, pues para eso fuimos creados. Dios nos creó para que le alabemos.

LA GRATITUD CONQUISTA EL CORAZÓN DE DIOS

Una de las razones por las que Dios declara que David es un hombre de acuerdo a su corazón, es porque David fue un hombre agradecido y un adorador.

Si observamos la vida de David, cuando ya fue rey, hubo un tiempo en que estuvo fuera de la voluntad de Dios, y su vida no fue perfecta (como la de ninguno de nosotros). David, como muchos, cometió graves errores, pecados horribles contra Dios; sin embargo, también fue un hombre humilde que reconoció sus pecados, los confesó ante el Señor y fue perdonado. Luego, en gratitud para con Dios, lo alababa con todo su corazón. Por eso podemos decir con toda seguridad que un corazón agradecido es un corazón alegre que alaba a Dios siempre.

Esto no significa que para mostrar la misma gratitud de David tengamos que cometer los pecados que Él cometió, ni tampoco significa que su alma estuviera segura con Dios durante el tiempo que él anduvo en pecado, pues exclama: «*Crea en mí, oh Dios, un corazón limpio, Y renueva un espíritu recto dentro de mí. No me eches de delante de ti, Y no quites de mí tu santo Espíritu. Vuélveme el gozo de tu salvación, Y espíritu noble me sustente*» (Salmos 51:10-12). Por otro lado, los pecados de David, aun y que era amado por Dios, le trajeron graves consecuencias en su propia familia. Mas bien, Dios quiere que mantengamos una comunión perfecta para con Él; pero la vida de David nos sirve para inspirarnos a tener gratitud para con el Señor, y a vivir una vida de alabanza y adoración.

Un llamado a ejercer el poder de Dios hoy mismo

Quizá después de leer lo antes expuesto, usted, amado lector, diga en sus adentros: *El hermano Alvarado habla del Antiguo Testamento, del trato de Dios con Israel. Yo no soy israelita.* Sin embargo, recuerde que en Cristo ya no hay judíos ni gentiles, pues Dios de ambos pueblos hizo uno, derribando la pared intermedia de separación (Efesios 2:14).

O quizá se pregunte, si ya recibí a Cristo y ahora formo parte de una iglesia local, ¿por qué el Señor me sigue llamando? Déjeme decirle algo importante: Dios llama hoy a la Iglesia a ejercer el poder que desde tiempo antiguo Él planeo para ella.

Recordemos que la muerte y la resurrección de Cristo no cambió mucho las cosas en cuanto al ánimo de los pocos discípulos de Jesús que estaban en Palestina. Primero, antes de la resurrección de Cristo, el pequeño grupo estaba asustado e inseguro, pues su maestro ya no estaría con ellos para resolver los problemas. Estaban escondidos por temor a ser perseguidos, apresados y enjuiciados. Y cuando Cristo resucitó, ellos estuvieron gozosos por un tiempo; sin embargo, al irse en las nubes, sus temores regresaron y sobre ellos la situación quizá era peor: ahora tenían la comisión de ir por todo el mundo y predicar la Palabra de Dios (Mateo 28:19). Además de ello, había cosas que aún ellos no entendían bien respecto al reino de Dios y esto les confundía (Hechos 1:6-7).

Era evidente el desánimo en el rostro de los discípulos, su debilidad, la inseguridad que abrigaban en su corazón y el temor, cosas que los incapacitaban para cumplir con la gran comisión que Cristo les había encomendado; sin embargo, también habían recibido un mandato de parte del Señor: pedir por el Espíritu Santo (Hechos 1:8).

No hay nada que esperar

Después de la ascensión de Jesús al cielo, los discípulos llevaban esperando en oración diez días (compare Hechos 1:3 y Hechos 2:1-4). Si la fiesta de pentecostés es celebraba 50 días después de la pascua y si Jesús se apareció a ellos durante cuarentena días después de su resurrección (es decir, después de esa pascua de los judíos), los discípulos solo tuvieron que esperar 10 días después de la ascensión para el cumplimiento de la promesa de Jesús. Usted ya no tiene que esperar más; usted puede ser lleno con el poder del Espíritu Santo ahora mismo.

No hay excusa para permanecer en debilidad espiritual

Podemos —como yo mismo— tener muchos títulos colgados en la pared. Sin embargo, la inspiración para hacer la obra de Dios no viene cuando alzamos los ojos para ver nuestras credenciales teológicas. La fortaleza aparece cuando alzamos los ojos al cielo, pues de allí es de donde proviene el socorro oportuno y la fortaleza para seguir al Maestro de maestros. No puedo depender del reconocimiento de las personas que me admiran, pero de algo dependo yo, y usted también amado lector, del testimonio del Espíritu Santo, diciéndome que soy hijo de Dios y heredero de los tesoros celestiales (Romanos 8:16, 17).

Ese es el poder que Dios quiere activar en cada miembro del cuerpo de Cristo, en su Iglesia, la cual Él compró con su sangre preciosa. No hay excusa para seguir en debilidad espiritual, pues Dios ha puesto ese gran poder a nuestra disposición y será una falta grave perder nuestras batallas espirituales debido a no hacer uso de él.

Algunos han sido engañados por el enemigo, y viven en debilidad espiritual, perdiendo sus batallas, excusándose en la falsedad de la autocompasión. La autocompasión es un sentimiento distorsionado, es una mezcla de falsa humildad y egoísmo, pues siempre busca atraer la atención hacia el *yo* del individuo, y le impide asumir sus propias responsabilidades. La autocompasión engaña al ser humano y le dice que otros tienen la *obligación – de algún modo –* de ocuparse de sus necesidades materiales y espirituales. Pero el Señor sabe que somos humanos, y que el ser humano está rodeado de debilidad; sin embargo, y aun así, Dios espera que nosotros seamos portadores de su gloria (2 Corintios 4:7) y vivamos una constante vida de victoria, ¿por qué? Porque nos ha dado su Espíritu.

Los antiguos solían tener sus tesoros en vasos de barro. Los vasos que Dios usa tienen que estar limpios, y no importa si son del material más frágil y de menor precio, porque ¿de qué sirve que un vaso sea de oro si está sucio? Recordemos que nosotros, como seres humanos, somos vasos frágiles; somos débiles y estamos expuestos a quebrarnos en cualquier momento; sin embargo, el dueño del tesoro es Dios y aunque el vaso se quiebre (porque un día vamos a morir) gozaremos de las glorias eternas por haber sido recipientes de los tesoros de la palabra de Dios. Solo hay un requisito: necesitamos permanecer limpios para que seamos dignos de tal privilegio, y así la gloria del Señor resplandezca en nosotros.

Por tanto, no hay razón para lamentarnos y sentirnos inservibles, gocemos del hermoso privilegio de guardar el tesoro de la palabra de Dios. Yo prefiero ser un vaso de barro limpio, que ser un vaso de oro, pero sucio, ¿qué de usted?

Volverse a Dios trae restauración total

Dios nos espera siempre con los brazos abiertos. Zacarías 1:3 dice: «*Volveos a mí, dice Jehová de los ejércitos, y yo me volveré a vosotros, ha dicho Jehová de los ejércitos*».

Si el Señor ya nos formó y nos limpió de todo pecado, ya nos redimió y nos hizo sus siervos, ¿qué podemos lograr apartándonos de Él? Él ya hizo todo por nosotros y solo espera que mantengamos nuestro estatus como su pueblo; pero la decisión es nuestra. Si nosotros decidimos dar ese paso hacia la obediencia y a la consagración a Él, su promesa es que Él mismo se acercara a nosotros.

Es posible que alguien no tenga la fortaleza ni la fe para acercarse lo suficiente para tocar al Señor; pero es entonces que Él viene a su encuentro. Hay ocasiones que nos apartamos de Dios en busca de otras cosas, pero el Señor nos llama a establecer prioridades y a buscar primeramente el reino de Dios y su justicia, y entonces, las demás cosas vendrán por añadidura (Mateo 6:33).

CAPÍTULO 3

EL PROCESO SEGUIDO PARA OBTENER EL
PODER CRISTIANO

Todo en la vida tiene un proceso, es decir, un desarrollo natural y lógico. Nacemos, y comienza nuestro desarrollo bajo el cuidado de nuestros padres o de alguna persona adulta. Damos nuestros primeros pasos, y aunque con frecuencia caemos, no nos quedamos allí, nos levantamos y seguimos adelante. Luego crecemos un poco más y se llega el tiempo de ir a la escuela; y así, continuamos nuestro crecimiento hasta convertirnos en adultos independientes.

De igual manera se gesta el proceso de la vida cristiana. Comienza con el nuevo nacimiento (cuando recibimos a Cristo en nuestro corazón); luego damos nuestros primeros pasos, tomados de la mano del Señor, y somos enseñados por nuestros pastores y maestros cristianos, quienes nos enseñan la palabra de Dios para que crezcamos saludables y fuertes. En breves palabras, este es un pequeño ejemplo del proceso seguido para alcanzar la madurez espiritual.

Sin embargo, sucede que, si comparamos el proceso de madurez física o natural con el espiritual, encontraremos algo notablemente distinto: cuando ya somos adultos, la madurez consiste en ser personas independientes, y entre más independientes seamos, se considera que somos más maduros; no obstante, en lo espiritual sucede todo lo contrario: la madurez consiste en ser más *dependientes* del Señor, y la señal de la inmadurez se mide en grados de independencia de Él. La Biblia nos dice:

«*Yo soy la vid, vosotros los pámpanos; el que permanece en mí y yo en él, éste lleva mucho fruto; porque separados de mí nada podéis hacer*» (Juan 15:5).

En esta gran verdad radica el poder del cristiano: en mantenerse unido al poder inagotable de Cristo. Si usted ya ha nacido de nuevo, ya recibió a Cristo en el corazón, me gozo mucho de que estemos juntos en esto glorioso proceso hacia el poder total tomados de la mano del Señor y siendo guiados por el poder del Espíritu Santo.

La palabra *proceso* tiene varios significados y se define como: sucesión, evolución, marcha y desarrollo. Tomaremos esta última (para no complicarnos tanto) y como ya lo declaramos antes, es un proceso o un desarrollo que no lo podemos llevar a cabo solos.

Solos no podemos

El Señor ya lo declaró; somos como ramas, que separadas del árbol, no pueden sobrevivir. Asimismo, es también cierto que existen fuerzas infernales que intentan separarnos del Señor; sin embargo, antes de su ascensión al cielo, Cristo nos dejó la gran promesa de que no estaríamos solos en esta lucha. La Palabra nos dice:

«*Si me amáis, guardad mis mandamientos. Y yo rogare al Padre, y os dará otro Consolador, para que esté con vosotros para siempre*» (Juan 14:15-16).

De manera que no estamos solos, contamos con la presencia del Espíritu Santo *con* nosotros y *en* nosotros para guiarnos en el proceso de empoderamiento, y para vivir con gozo todos los días.

LAS PRUEBAS EN EL PROCESO

El hecho de que tengamos las promesas de Cristo y la dirección del Espíritu Santo no significa que no habrá obstáculos en este caminar; no, más bien, podemos estar seguros de que habrá aflicciones, y quizá, hasta tropiezos en el camino.

«Estas cosas os he hablado para que en mí tengáis paz. En el mundo tendréis aflicción; pero confiad, yo he vencido al mundo» (Juan 16:33).

Las aflicciones son parte del proceso para aprender a desarrollar el poder de Cristo en nosotros. Cada una de las pruebas que en ocasiones nos afligen, ya han sido vencidas por el Señor, y en Él, nosotros somos más que vencedores.

«Bienaventurado el varón que soporta la tentación; porque cuando haya resistido la prueba, recibirá la corona de vida, que Dios ha preparado a los que le aman» (Santiago 1:12).

LAS AFLICCIONES VIENEN POR DIVERSAS RAZONES

Las aflicciones que podría sufrir el cristiano son: inseguridad, enfermedad, pobreza, rechazo, abandono y muchas más. Sin embargo, el Señor ha prometido estar con nosotros en cada una de estas aflicciones.

La primera aflicción que experimenté después de mi nuevo nacimiento, en el año 1980, fue el desánimo. Todas las expectativas que tenía al recibir a Cristo en mi corazón parecían desmoronarse; yo pensaba que al tomar la decisión de seguir a Cristo todos mis problemas se terminarían, pero sucedió lo contrario: mis problemas empeoraron y por un tiempo pensé que las promesas de Dios no eran para mí.

Luego, mi falta de poder me llevó a dudar de mi salvación. Yo asistía a los servicios de la iglesia, pero no con mucho ánimo, y parecía que no había nada que me alentara. Muchos jóvenes de la iglesia se gozaban en los servicios de adoración y algunos de ellos hasta hablaban en lenguas; sin embargo, yo no sentía ni el más mínimo gozo. Puede decirse, que lo único sabio que hice en esa situación fue continuar orando que Dios me sacara adelante.

Así, continúe orando por varias semanas como lo hacían los demás jóvenes.

La lucha por la bendición espiritual se transformó en un asunto de vida o muerte para mí, y comencé a orar con más insistencia pidiéndole a Dios que hiciera sentir su presencia en mí, como sucedía con los demás hermanos. Pero en mí no pasaba nada. Hasta que una noche empecé a orar con más fuerza; tanto, que mis palabras salían desde lo más profundo del alma. Fue entonces que la bendición llegó, y empecé a gemir de gozo; era un gozo que jamás había experimentado.

Entonces los ojos se me llenaron de lágrimas. Todo en mí era un mar de lágrimas, mientras alababa a Dios agradeciéndole por llenarme de su poder. De un momento a otro mi lenguaje cambió, y aunque no entendía lo que en realidad estaba sucediendo, en mí continué hablando en lenguas por unos veinte minutos más. Fue una experiencia como ninguna otra en mi vida, en ese momento se estaba cumpliendo en mí la promesa de Jesús de enviarnos otro Consolador. A partir de ese momento mis temores y mis dudas desaparecieron.

Aunque mis temores y dudas desaparecieron, mis problemas aumentaron, pero yo disfrutaba del poder de Dios en mí para enfrentar lo que fuera. *«Pero recibiréis poder, cuando haya venido sobre vosotros el Espíritu Santo, y me seréis testigos en Jerusalén, en toda Judea, en Samaria, y hasta lo último de la tierra»* (Hechos 1:8).

Esto es lo más grandioso del proceso hacia el poder espiritual: que en los momentos difíciles podemos clamar al Señor con la total seguridad de que Él es nuestro pronto auxilio (vea Salmo 46:1).

Ya han pasado casi 40 años después de esa poderosa experiencia y me es difícil contener mis lagrimas al testificar de la fidelidad del poder de Dios. Las misericordias de Dios han sido tan innumerables para conmigo que necesitaría otros 40 años para testificar de todas y cada una de ellas.

De esto se trata el poder del cristiano. No de que el simple hecho de recibir a Cristo en nuestro corazón traiga la solución a todos nuestros problemas. Sino que el poder derramado en nosotros nos llevará de victoria en victoria, no de fracaso en fracaso.

«Mas gracias sean dadas a Dios, que nos da la victoria por medio de nuestro Señor Jesucristo» (1 Corintios 15:57).

Este poder que Dios nos da en Cristo tiene un propósito muy especial en cada cristiano. Todos y cada uno de nosotros somos llamados a ejercer el poder para gloria de su Nombre. *«Mas a Dios gracias, el cual nos lleva siempre en triunfo en Cristo Jesús, y por medio de nosotros manifiesta en todo lugar el olor de su conocimiento. Porque para Dios somos grato olor de Cristo en los que se salvan, y en los que se pierden; a éstos ciertamente olor de muerte para muerte, y a aquellos olor de vida para vida. Y para estas cosas ¿Quién es suficiente?»* (2 Corintios 2:14-16).

Ningún ser humano tiene poder para vivir, y mucho menos para morir. Dios nos creó con el propósito de que fuéramos un olor grato para Él, que manifestemos el olor de su santidad, de su poder, para que vivamos triunfantes para vida eterna. Lamentablemente, el vivir separados de la gracia de Dios produce un olor desagradable, un olor de muerte, de fracaso; y no podemos así vivir en completa comunión con Dios.

TODOS NECESITAMOS EL OLOR GRATO DEL CONOCIMIENTO DE DIOS

2 Corintios 2:14 dice: *«Mas a Dios gracias, el cual nos lleva siempre en triunfo en Cristo Jesús, y por medio de nosotros manifiesta en todo lugar el olor de su conocimiento»*

El olor agradable de la gracia y del conocimiento de Dios produce efectos maravillosos en la vida del cristiano. Primeramente, porque nos da acceso al poder. Luego, el conocer a Dios nos capacita para animar a los débiles en la fe.

«Así que, los que somos fuertes debemos soportar las flaquezas de los débiles, y no agradarnos a nosotros mismos. Cada uno de nosotros agrade a su prójimo en lo que es bueno, para edificación» (Romanos 15:1-2).

Lo que el apóstol Pablo nos enseña es que el poder que recibimos de Dios no es para dominar a los demás sino para usarlo en favor de los más necesitados. Todos pasamos por situaciones que nos debilitan, y en esos momentos, Dios usa a los fuertes para bendecir a los más necesitados. En esos momentos podemos producir y compartir el olor grato del conocimiento y de la gracia de Dios; nuestra participación puede cambiar el ambiente de muerte espiritual en olor de fe y de esperanza en aquellos que están transitando en valles de sombra y de muerte.

«Aunque ande en valle de sombra de muerte, No temeré mal alguno, porque tú estarás conmigo; Tu vara y tu callado me infundirán aliento» (Salmo 23:4).

Cuando usamos correctamente el conocimiento de Dios, este se convierte en un arma poderosa en momentos difíciles. Esa fue la clave de la vida victoriosa de David, el escritor de esta poderosa Palabra en el Salmo 23.

Sin el poder de Dios en nosotros no hay vida cristiana, sino tan solo una vida preservada por la misericordia de Dios. Él es el único, Quien, por su misericordia, puede preservar nuestra comunión con Él. La Biblia nos dice: *«Por la misericordia de Jehová no hemos sido consumidos, porque nunca decayeron sus misericordias. Nuevas son cada mañana; grande es tu fidelidad»* (Lamentaciones 3:22-23).

El proceso no termina hasta que se termina

El poder que proviene de Dios lo necesitamos de principio a fin. Cada día de nuestra vida enfrentamos una variedad de obstáculos que necesitamos vencer, por lo cual, debemos ser perseverantes; porque solo cuando nos mantenemos firmes en nuestra fe alcanzaremos la victoria final.

«Y seréis aborrecidos de todos por causa de mi nombre; más el que persevere hasta el fin, éste será salvo» (Mateo 10:22).

Por ninguna razón debemos detener o renunciar a los procesos por los que tenemos que pasar, pues al final seremos más que vencedores en Cristo. Dios nos dice: *«Antes, en todas estas cosas somos más que vencedores por medio de aquel que nos amó»* (Romanos 8:37).

Algo ocurrió durante el tiempo en que escribía este capítulo: se desató en todo el mundo la famosa pandemia de coronavirus o COVID 19. Ésta comenzó en China en el mes de febrero de 2020; luego se propagó rápidamente por todo lugar causando que todo el mundo cayera en un gran temor; tanto, que prácticamente todos los gobiernos del mundo mandaron una cuarentena obligatoria para retrasar su propagación.

Este encierro domiciliario me dio la oportunidad de proseguir con este proyecto que aún faltaba por terminar. Amparado en la misericordia y en las promesas de Dios, proseguí con más esmero, y más cuando las noticias afirmaban que las personas mayores eran las más propensas a contraer el virus. Fue en ese momento en que las promesas de Dios cobraron más vida en mí y Dios puso en mi corazón el deseo de terminar con este trabajo que Dios me había encomendado.

DOS FRASES PODEROSAS

Dos frases poderosas fueron las que me ayudaron a continuar hasta al fin con este trabajo, y más allá de esto, las mantengo aún para el resto de mi vida: «*No te sobrevendrá mal, Ni plaga tocará tu morada*» (Salmos 91:10).

Esto me llevó a conocer más acerca de las plagas o pandemias, y aprendí que a través de la historia han existido plagas que han azotado a la humanidad. En la Biblia se mencionan las plagas de Egipto (lea Éxodo 7-12); plagas que causaron la muerte de una gran cantidad de egipcios, quienes fueron objeto del juicio temible de Dios. Así, en la historia han existido muchas otras plagas que han causado dolor y muerte a miles de personas. Veamos algunos ejemplos:

- *La peste bubónica*

    De 1346 a 1353 esta peste —que duro siete años— mató entre 50 y 75 millones de personas en la población europea, cerca del 60% de la población.

- *La influenza española*

  600 años después, durante la Primera Guerra Mundial, la influenza española empezó en una base militar de Kansas. Luego, en tan sólo dos años, mató entre 50 y 100 millones de personas en todo el mundo.

- *El Coronavirus*

  Este virus del 2022 todavía no es tan mortífero como las pestes anteriores que han azotado al mundo. La mayoría de los casos (en un 80%) son leves, y aunque causa neumonía y puede llegar a causar la muerte, en este momento, sólo un 2% de los infestados muere.

  Lo que sí puede ser mortal es el miedo. Si usted vive afligido y diciendo: «¡Me voy a morir! ¡Me voy a morir!», entonces puede suceder lo que está confesando. Job dijo: *«Porque el temor que me espantaba me ha venido, Y me ha acontecido lo que yo temía»* (Job 3:25).

  En este momento no sabemos cuánto tiempo dure esta pandemia a la que se ha llamado «coronavirus», ni podemos saber el total de los daños que causará. Lo que sí podemos hacer es poner nuestra confianza en Dios, porque su amor y su poder nos librará de todo lo que nos espera en el futuro. *«Y sabemos que a los que aman a Dios, todas las cosas les ayudan a bien, esto es, a los que conforme a sus propósitos son llamados»* (Romanos 8:28).

Todas las cosas, por más negativas que parezcan, Dios las usará a favor de aquellos que nos hemos sometido a sus procesos. Él es fiel a sus promesas y jamás faltará a ninguna de ellas. Esta última pandemia que enfrentamos en la actualidad (desde el 2019), aunque es sólo una más entre otras que han existido, también es una señal de que el fin está cercano.

«Porque se levantará nación contra nación y reino contra reino; y habrá pestes, y hambres, y terremotos en diferentes lugares. Y todo esto será principio de dolores» (Mateo 24:7-8).

Capítulo 4

PEQUEÑOS PERO
PODEROSOS
EN CRISTO

El poder del cristiano difiere del concepto común; no limita a los grandes y famosos, a los gobernantes de las grandes naciones, tampoco a campeones mundiales con muchos trofeos y medallas olímpicas.

En Mateo 11:10-15 encontramos las declaraciones de Jesús respecto a un hombre grande y poderoso. Esta no era la simple opinión de uno de los conciudadanos del país israelita, sino del que más tarde declararía *que tiene el poder total en el cielo y en la tierra*: Jesús, el Rey de reyes y Señor de señores.

El ministerio de Juan el Bautista se desarrolló en un periodo de incertidumbre para Israel. Los judíos, oprimidos por el yugo romano, se sentían abandonados; habían pasado ya 400 años en los que no hubo un mensaje de Dios que trajera al pueblo un poco de esperanza y consuelo. En este momento de opresión, surge este hombre tan peculiar. Era un hombre que no tenía ningún atractivo físico, pero su mensaje era poderoso y lleno de esperanza. La rebelión contra Dios tiene serias consecuencias y el pueblo de Israel lo sabía, pero Dios levantó a un pequeño hombre de campo para traer revelación del cielo.

El mensaje de arrepentimiento no era tan atractivo para algunos, pero muchos venían al Jordán para ser bautizados y mostrar su arrepentimiento. El pueblo tenía a Juan el Bautista por un verdadero profeta de Dios (Lucas 3:3; Mateo 3:1-6, 14:5; Marcos 11:32).

El ministerio de Juan el Bautista fue muy corto, pero lo importante es cumplir con los propósitos de Dios; y él había cumplido con lo que se le había encomendado: preparar el camino del Señor y enderezar sus sendas (Mateo 11:10-11).

Estos son los pequeños que Dios engrandece debido a su humildad, su obediencia y su perseverancia. Quizá no seamos héroes para el mundo; sin embargo, si pertenecemos al reino de Dios, eso nos hace grandes y poderosos (Mateo 11:12).

1. El camino está preparado

Jesús no tomó el lugar de Juan el Bautista cuando éste fue encarcelado y luego ejecutado por orden de Herodes. Jesús es el centro del plan de Dios; Jesús es el centro mismo de la historia, el centro del reino, porque Él es el Rey de reyes y el Señor de señores.

Jesús fue y sigue siendo la única razón por la cual Juan el Bautista, y cada uno de nosotros, vino a existencia. Él se puso en el centro para honrar a Dios y animar a los nuevos convertidos y a cada uno de nosotros que hemos también recibido a Cristo en nuestro corazón (Mateo 11:11).

Jesús exaltó el ministerio de Juan el Bautista porque «*Él honra a los que le honran*» (1 Samuel 2:30). Cuando andamos en fe y en obediencia, el Señor reconoce ese poder y nos engrandece.

¿Qué fue lo que hizo grande a Juan el Bautista? Hay muchas respuestas a esta pregunta, pero solo quiero mencionar algunas:

- Primero, fue profetizado que él vendría a preparar el camino para la llegada de Jesús (vea Mateo 11:10 Malaquías 3:1).

- Segundo, su nacimiento fue milagroso. Nació de una madre estéril y su padre era un sacerdote de edad avanzada (Lucas 1:5-6). Sus padres, Zacarías y Elizabeth, no tenían ninguna posibilidad de procrear, pero para Dios no hay nada imposible, y cuando nos escoge para algo, también nos capacita para ello.
- Tercero, fue anunciado por un ángel (Lucas 1:13-14). El que haya sido anunciado su nacimiento solo se compara con el anuncio angelical del nacimiento de Jesús a María.
- Cuatro, el propósito de su nacimiento y su vida entera fue preparar el camino del Señor Jesucristo.
- Quinto, Juan tenía un carácter inquebrantable; vivió y murió por la verdad. Jamás se preocupó por el qué dirán, ni de cómo lo veía la gente. Su única preocupación fue cumplir con los propósitos de Dios, eso lo hizo grande y poderoso.

Hay ocasiones en que tenemos que arriesgar nuestra cabeza por predicar la verdad de la palabra de Dios. Cierto siervo de Dios dijo: «Yo prefiero estar dividido por la verdad que unido por la mentira». De esa violencia habla Mateo 11:12. Me gusta leerlo en la Versión Internacional, la cual dice: «*Desde los días de Juan el Bautista hasta ahora, el reino de los cielos ha venido avanzando contra viento y marea y los que se esfuerzan logran aferrarse a él*».

2. *Jesús establece las reglas del reino*

Sin abolir las leyes de Dios, Jesús estableció y explicó las leyes del reino; y hoy, los pequeños gigantes que conformamos el reino de Dios, también tenemos un nacimiento milagroso: hemos nacido de nuevo espiritualmente, y vencido a la naturaleza pecaminosa. Es siempre necesario este nuevo nacimiento espiritual, del agua y del espíritu, como lo dijo Jesús en Juan 3:1-6.

Nacer de nuevo es la regla más importante del reino de Dios y es el requisito para ser parte de este. Una persona puede nacer de nuevo cuando se arrepiente de todo corazón y cree en Jesucristo como su único y suficiente Salvador.

3. La necesidad de un nuevo nacimiento

Este nuevo nacimiento cambia el rumbo de nuestra existencia y nos pone en el camino preparado por Dios. Dios diseñó de antemano nuestra vida para que fuésemos personas que diéramos los frutos de Él (Mateo 21:43; Efesios 2:10), y para dar estos frutos, el nuevo nacimiento es necesario.

Este nuevo nacimiento espiritual restaura nuestra relación con Dios a su estado original, al grado en que fue la voluntad de Dios desde el principio, y aunque nuestro nacimiento no fue anunciado por ángeles (como en el caso de Juan el Bautista), sabemos que éstos están presentes para protegernos desde el momento en que hemos nacido de nuevo. Hay ángeles que acampan a nuestro alrededor y nos libran del mal (Salmos 91:11-12; Salmos 34:7).

Ni los hombres que se dicen ser los más grandes y poderosos en la tierra tienen la protección que Dios da a sus pequeñitos que le aman y le temen. Solo tengamos cuidado de que sea Dios quien nos engrandece y no nosotros a nosotros mismos.

4. Nacidos para mostrar el camino

El propósito de nuestro nuevo nacimiento no es preparar el camino del Señor, sino *mostrar* el camino. Jesús dijo: «*Yo soy el camino, y la verdad, y la vida; nadie viene al Padre, sino por mí*» (Juan 14:6).

La misión de la vida de Juan el Bautista fue *preparar* el camino del Señor, pero el propósito de los nacidos de nuevo es *mostrar* el camino, es decir, testificar de Cristo a todas las personas hasta lo último de la tierra (Mateo 28:19-20).

DIOS QUIERE QUE SEAMOS PODEROSOS

Un gran siervo de Dios dijo también: «*Todo lo puedo en Cristo que me fortalece*» (Filipenses 4:13).

Todo lo antes expuesto nos sirve para demostrar que tenemos el mismo potencial de Juan el Bautista: Dios quiere que alcancemos hoy una mayor estatura espiritual y seamos tan poderosos como este hombre de Dios; pues solo así estaremos preparados para arrebatar el reino de los cielos y alcanzar a otros para el Rey Cristo Jesús.

Dios *no* nos creó en Cristo Jesús para que fuésemos personas endebles espiritualmente ni para que llevemos una vida de derrota; Dios quiere que seamos fuertes, que tengamos y usemos las poderosas armas de Dios para la destrucción de las fortalezas del enemigo (2 Corintios 10:4).

Si la Biblia nos dice que todo lo podemos en Cristo, significa que Dios nos da todo para tener una vida de victoria contra el pecado y contra nuestros enemigos espirituales. El Señor desea que hagamos un papel digno en representar a Cristo Jesús aquí. El embajador del Señor (2 Corintios 5:20) no es un debilucho, sino uno que todo lo puede en Cristo.

Los grandes no nacen, sino se hacen

Alguien dijo: «El camino hacia el cielo es hacia abajo, es decir, humillándote ante Dios, el Rey de los cielos y de la tierra». Esto me hace recordar las palabras del Señor Jesús en la última cena con sus discípulos en Juan 13:12-15.

Jesús estableció con claridad que la verdadera grandeza no está en ser servido, sino en servir a los demás. El mayor ejemplo es Cristo mismo: Él lavó los pies de sus discípulos antes de ir a la mesa. Ese lavatorio de pies era una de las labores que tenían los esclavos o siervos, de modo que ninguno de los doce tuvo la humildad para ofrecerse a lavar los pies de sus compañeros. La razón es que ellos pensaban más en quién de ellos sería el más grande, el de mayor autoridad en el reino.

Fue entonces que Jesús, el Maestro y Señor, tomó la iniciativa, y con su ejemplo, les dio a sus discípulos una gran lección. Antes ya lo había enseñado a ellos, pero ahora lo hace usando un ejemplo supremo. El tema de la enseñanza fue la humildad, pero no fue algo meramente teórico, sino Cristo, como a todos nosotros, dio ejemplo a los que había tomado por apóstoles. Por ello dice: «*Porque ejemplo os he dado, para que como yo os he hecho, vosotros también hagáis*» (Juan 13:15).

* * *

La humildad es lo que engrandece, lo que empodera. Nos hace más grandes que Juan el Bautista. El Señor dijo: «*No temáis, manada pequeña, porque a vuestro Padre le ha placido darnos el reino*» (Lucas 12:32).

El Señor, ya nos ha dado el poder del reino. La fe, la autoridad y la gracia son las cualidades que nos mantiene humildes; «*Porque no nos ha dado Dios espíritu de cobardía, sino de poder, de amor, y de dominio propio*» (2 Timoteo 1:7).

CAPÍTULO 5

ACTITUDES QUE CONDUCEN AL
PODER ESPIRITUAL

La mayoría de la gente vive con un concepto equivocado respecto al éxito en la vida. Ellos miden su felicidad en base a las cosas del mundo; cosas tales como el dinero, la fama, el poder, la autoridad, la belleza física, etc.

Jesús, como el Rey del universo, estableció en Mateo capítulo 5 lo que realmente engrandece y trae verdadera felicidad a la humanidad. Como anotamos en el capítulo anterior, el Señor pone en el primer lugar de la lista la humildad.

La humildad (Mateo 5:3)

En esta oración Jesús usa la frase, «*bienaventurados los pobres en espíritu*». La palabra *pobre* en este versículo no significa tener una baja auto estima o sentirse menos que los demás, ni sentir que uno no sirve para nada. Debemos entender que *pobre en espíritu* es lo contrario a un espíritu altivo y orgulloso. Recordemos que el Señor atiende al humilde, pero mira de lejos al altivo (Salmos 138:6). No hay dicha mayor que permanecer cerca del Señor y esto sólo se puede lograr mediante la humildad (Isaías 57:15).

La sensibilidad (Mateo 5:4)

«*Bienaventurados los que lloran, porque ellos recibirán consolación*». Una de las mayores virtudes que alguno puede tener en la vida es la sensibilidad. Esto consiste en la capacidad de compartir las penas de los demás hasta el punto de identificarse con su dolor. Esto es llorar con los que lloran (Romanos 12:15).

La sensibilidad no es solo de nosotros hacia los demás sino también hacia Dios mismo. Cuando somos perseguidos por la causa de Cristo, en nuestras oraciones, sentimos la presencia de Dios consolando y fortaleciendo nuestra vida. Esa es una verdadera dicha.

La mansedumbre (v.5)

Al contrario de los altivos y soberbios, que son humillados hasta la tierra (Salmo 147:6), los mansos reciben autoridad porque reciben la tierra por heredad (Apocalipsis 1:6).

Aunque en la actualidad vivamos oprimidos por las provocaciones de los soberbios, quienes quieren poder y autoridad terrenal, esta tierra ya tiene sus verdaderos herederos, los mansos, aquellos que el Señor llama *bienaventurados*, los seguidores del manso y humilde de corazón (Mateo 11:29), los que ponen su confianza en el Príncipe de Paz (Isaías 9:6).

La justicia (Mateo 5:6)

La justicia es una necesidad, y el Señor Jesús compara esta necesidad con la necesidad física básica para la existencia de todos los seres vivientes. Cuando hay hambre significa que hay un vacío que se debe llenar o saciar; y si no se sacia esto causa molestar, debilidad y hasta muerte.

El mundo entero padece de hambre, y aunque muchos pueden tener llenas sus neveras físicas, también es real que otros tienen un vacío de justicia. Sin embargo, Jesús dice que hay esperanza para esta clase de hambre.

Ezequiel 7:20 declara que no hay hombre justo en la tierra que haga el bien. Pablo el apóstol dice en Romanos 3:23: «*Por cuanto todos pecaron, y están destituidos de la gloria de Dios*». Sin embargo, en el v.24 nos sigue diciendo que somos justificados (declarados justos) gratuitamente por su gracia, mediante el precio que pagó nuestro Señor Jesucristo. Él fue quien pagó el precio de nuestra justificación, el Justo por los injustos.

Gracias al sacrificio de Cristo en la cruz somos justificados por la fe en Él. Romanos 5:1-11 dice que, al ser declarados justos por la obra redentora del Señor, volvemos en amistad con Dios y a todas las demás bendiciones que sacian todo nuestro ser (Mateo 5:6).

La misericordia (Mateo 5:7)

Dios es la fuente eterna de toda misericordia, entonces podemos decir con toda seguridad que la misericordia está íntimamente ligada al amor y al perdón. Quizá alguien pueda decir que hay cosas imperdonables, y quizá sean imperdonables para nosotros, pero no para Dios, porque Él es misericordioso y amplio en perdonar.

Recordemos que el perdón y el carácter misericordioso son cosas inseparables, y que, para alcanzar la misericordia para nosotros, debemos tener misericordia de los demás. El perdón es un acto de misericordia y solo si perdonamos seremos perdonados (Mateo 6:14-15).

Roguemos al Señor que nos dé un corazón perdonador, porque esto nos dará paz al tener seguro nuestro propio perdón. El ser misericordioso demanda mucho sacrificio. Creo que a eso se refirió Jesús cuando dijo: «*Si alguno quiere venir en pos de mí, niéguese a sí mismo, tome su cruz cada día, y sígame*» (Lucas 9:23). Tomar o no tomar la cruz de Cristo es un acto voluntario que tiene efectos que marcan nuestro futuro como cristianos (Mateo 10:38) ¡Usted decide!

La pureza (Mateo 5:8) —Los de limpio corazón—

La pureza es uno de los temas más importantes de la Biblia; y se refiere tanto al aspecto físico como al espiritual.

En la limpieza física la persona mantiene un hábito de limpieza e higiene corporal y de su entorno; en la limpieza mental toda persona debe desarrollar una forma de pensar libre de pensamientos impuros (Marcos 7:15); y en lo moral, el de limpio corazón es aquel que obedece a Dios. La obediencia a Dios es una tarea difícil de lograr; el mero esfuerzo personal no es suficiente ya que la naturaleza pecaminosa del ser humano le impide obedecer al Señor.

La limpieza era y sigue siendo fundamental para el establecimiento de la santidad en la comunidad israelita (vea Levítico 11:43-44). Dios estableció leyes para guardar la pureza de su pueblo, para que fuera diferente a las demás naciones; y en el caso de que esa pureza se perdiera, también dio instrucciones específicas para recuperarla (Levíticos 11:1-47; Deuteronomio 14:1-21).

El de limpio corazón demuestra en la vida diaria las cualidades y el carácter de Cristo. Lo que es importante de explicar es que Cristo no hizo énfasis en mecanismos externos de la ley mosaica para alcanzar esa pureza espiritual (Mateo 5:27, 28; Juan 15:2-3). La muerte expiatoria de Cristo —como nuestro sumo sacerdote— sobrepasó todos los ritos de purificación de la ley (Hebreos 7:27). 1 Juan 1:7 dice que la sangre de Jesucristo nos limpia de todo pecado. Así, los únicos sacrificios que pide Dios de los cristianos son los que provienen de un corazón limpio, humilde y contrito (Salmo 51:17).

Los pacificadores (Mateo 5:9)

Vivimos en un mundo lleno de conflictos; guerras en donde tanto los hombres como los gobiernos tratan de medir su poder por medio de las armas y el poder económico; sin embargo, Cristo está hablando aquí de la paz espiritual que los cristianos podemos disfrutar cuando recibimos a Cristo en nuestro corazón.

Esta es una paz espiritual que nos da sentido de bienestar; una seguridad que solo proviene de Dios y depende de su presencia (Genesis 28:20-22; Jueces 6:23, 18:6). Solo Dios puede dar una paz plena, pero debemos trabajar arduamente cada día para poseerla, mantenerla y compartirla. Esta es la clase de paz a la que se refiere el Señor en este versículo. Él quiere que haya paz y reconciliación en lugar de odio y enemistades.

Dios bendice a los pacificadores y declara que son sus hijos (Mateo 5:9) ¡que privilegio tener un Padre que nos llama hijos y que nos recomienda ser pacificadores!

SI CRISTO PADECIÓ POR NOSOTROS, NOSOTROS DEBEMOS GOZARNOS AL PADECER POR SU CAUSA (MATEO 5:10-12)

El padecimiento es parte de la vida. Desde que el hombre pecó en el Edén la perdida de la comunión con Dios trajo como consecuencia una serie de padecimientos: la enfermedad, el rechazo, el odio, la persecución y muchos más —incluyendo la pobreza y toda injusticia; todas estas cosas son parte de las consecuencias nefastas del pecado.

Todos padecemos de una u otra forma y nadie es dichoso por el padecimiento; sin embargo, Cristo llama dichosos a todos aquellos que padecen persecución por causa de la justicia. La dicha de los que padecen persecución por causa de la justicia no estriba en que sean inmunes al dolor del rechazo, a la persecución o a las amenazas. La dicha de este padecimiento es debida a la incomparable recompensa que Dios tiene preparada. «*Porque de ellos es el reino de los cielos*» (Mateo 5:10).

En forma más especifica el Señor dice en Mateo 5:11: «*Bienaventurados sois cuando por mi causa os vituperen y os persigan, y digan toda clase de mal contra vosotros, mintiendo*». La dicha no puede esperar; no tenemos que esperar hasta que estemos delante de Dios en el cielo para recibir ese gozo y ese carácter de dichoso, porque el Señor ya nos declaró dichosos: «*Bienaventurados sois*»; esta no es una promesa para el futuro, sino una realidad que podemos disfrutar hoy.

Cualquiera que sea la persecución por la que usted esté pasando, usted ya es bienaventurado (Mateo 5:11-12).

El poder de una buena decisión

No todos tenemos la dicha de nacer en una familia poderosa, y más aún, no tenemos la oportunidad de decidir cuándo y quienes serán nuestros padres.

Algunos nacen en cunas de oro, otros en lugares pobres, y otros, como en el caso de nuestro Señor Jesucristo, nacen en un lugar impropio. Nuestro bendito Señor nació en un establo de Belén de Judea; sin embargo, hay Alguien quien supo todo de nosotros mucho antes de nuestro nacimiento; Él supo el lugar donde naceríamos, y cuándo y quiénes serían nuestros padres.

La Biblia está llena de ejemplos de hombres y de mujeres que en algún momento de sus vidas tomaron decisiones equivocadas, y estas decisiones terminaron por opacar sus vidas.

En Genesis 49:1-4 encontramos a un hombre llamado Rubén, el primogénito de Jacob (Israel). Éste fue el primer hijo del matrimonio de Jacob con Lea, y por ser el primogénito, Rubén gozaba de privilegios que ninguno de sus hermanos podría tener.

El primogénito, el primer hijo de una pareja, debía ser dedicado a Dios de manera especial porque representaba la plenitud del vigor humano (Genesis 49:3; Salmo 78:51). Cada primogénito de Israel, tanto de hombre como de animales, le pertenecía a Jehová (Éxodo 15:2, 15; 12:12-16). El primogénito le era presentado a Jehová cuando cumplía un ocho días. La primogenitura incluía una doble porción de la herencia familiar y ser líder de la familia. La costumbre era que el hijo mayor cuidara de su madre hasta que esta muriera y también se hacía cargo de sus propias hermanas hasta que se casaran.

Esta era la posición de Rubén. No obstante, los deseos carnales lo llevaron a cometer el peor pecado que podría cometer en contra de su propio padre Jacob (Genesis 49:4). Jacob conocía muy bien a cada uno de sus hijos, así que tampoco los siguientes dos hermanos mayores (luego de Rubén) tuvieron las bendiciones de la primogenitura debido a otro grave error que ellos competieron (lea Genesis 49: 5-6). Fue más bien el cuarto hijo de Jacob, mencionado en Genesis 49:8-10, Juda, el que llenaba los requisitos para ser el líder de su familia, y para ser el ancestro del Mesías.

De igual manera funciona el poder espiritual hoy en día respecto a los cristianos. Quizá muchos de los lectores hayan nacido en un hogar cristiano como su humilde servidor. Pero eso no garantiza que tendremos vidas victoriosas ni llenas del poder de Dios; son nuestras decisiones las que determinan nuestro éxito o nuestro fracaso espiritual. En mis casi 40 años de conocer al Señor he visto a muchos hombres y mujeres que han perdido el lugar de privilegio que Dios les dio por haber tomado malas decisiones. He conocido incluso hijos de ministros con ministerios bendecidos, que sus hijos e hijas han tomado malas decisiones y han terminado en las drogas y hasta en la prostitución.

No elija el camino fácil. Sea justo consigo mismo antes de tomar cualquier decisión; ore, pida la dirección de Dios. Medite en todo lo que Dios ya le ha dado; piense que la decisión que tome afectará su vida y la vida de los que lo rodean (su familia, sus amigos, sus compañeros de trabajo, etc.).

Tome decisiones que honren a Dios y a su iglesia; no haga algo que parece normal en el mundo de hoy, recuerde que no todo lo que parece normal es lo correcto delante de Dios, y no importa ser rechazado por no actuar como ellos.

No culpe a Dios por las consecuencias de sus decisiones. Hace algunos años, hablando con un ateo, éste quiso convencerme de que Dios no existe, «y si existe» —me dijo— «no creo que sea un Dios justo». Continuó relatándome el caso de una señora de edad avanzada quien salía a la calle a dar una pequeña caminata con su pequeño hijo cada día. Fue entonces que uno de esos días, una persona irresponsable, bajo la influencia del alcohol, se pasó la luz roja y los atropelló a los dos, matándolos en el acto, «¿crees usted que eso es justo?» —me preguntó.

«¿Por qué un Dios lleno de amor como el que usted predica no los guardo de esa tragedia? ¿Por qué un Dios justo permite esas injusticias?». Lo peor de todo es que el chofer que los atropelló se fue sano y salvo. «¡Por favor!» —me dijo burlonamente. Le confieso que en un instante me quede sin palabras para responder a semejante argumento en contra de mi Dios.

Entonces cerré por un instante mis ojos y le pregunte al Espíritu ¿Qué le digo? La respuesta del Espíritu Santo fue inmediata y especifica. El Señor puso en mi corazón una respuesta sabia, así que le respondí:

«Eso es parte de la vida. No fue la decisión de aquella madre lo que causó la tragedia, sino más bien fue la decisión del hombre que salió a la calle manejando en estado de ebriedad. Además, vivir en una ciudad tan grande como Los Ángeles, California, significa estar expuesto a toda clase de accidentes; existen millones de personas irresponsables, y las decisiones que ellos toman nos afectan a todos; para bien, si sus decisiones son buenas, o para mal, cuando actúan irresponsablemente».

Jamás podemos tener control de las decisiones de los demás, pero sí de las nuestras. De hecho, esta persona que he puesto de ejemplo *no* es un buen ejemplo a seguir; pues este ateo continuó pensando de la misma forma, cuestionando la justicia de Dios y tomando malas decisiones. Poco tiempo después me entere que había sido deportado a su país de origen por los problemas que le causaron sus malas decisiones.

Tome las mejores decisiones. Hay muchas ocasiones en que nos vemos rodeados de personas con ideas y sentimientos diferentes a los nuestros; es ahí donde debemos poner las cosas sobre la balanza y escoger las mejores opciones para proteger nuestra integridad espiritual.

Tenemos un Abogado delante de Dios

Defienda sus principios. No se aparte en ningún momento de la fuente del poder espiritual. Josué se vio en una situación difícil como líder de Israel; él tenía la responsabilidad de mantenerse firme y fiel a sus principios; y cuando el resto del pueblo se había desviado en pos de otros dioses, él mostró firmeza y tomó una decisión difícil pero muy sabia, Josué 24:14-15 dice:

«Ahora, pues, temed a Jehová, y servidle con integridad y en verdad; y quitad de entre vosotros los dioses a los cuales sirvieron vuestros padres al otro lado del río, y en Egipto; y servid a Jehová. Y si mal os parece servir a Jehová, escogeos hoy a quién sirváis; si a los dioses a quienes sirvieron vuestros padres, cuando estuvieron al otro lado del río, o a los dioses de los amorreos en cuya tierra habitáis; pero yo y mi casa serviremos a Jehová».

Es posible que usted y yo no tengamos el poder y la autoridad para decidir por nuestra familia, pero por lo menos tomemos el control de nuestra vida y decidamos como Josué: (parafraseado) «Ustedes tienen la libertad de decidir si servir a Dios o a los dioses de este mundo, pero mi decisión es que yo y mi familia serviremos a Jehová, el único Dios verdadero» (Josué 24:15).

La mejor forma de hacer que toda su familia tome buenas decisiones es dar un buen ejemplo. Cuando tomamos la buena decisión de servir a Dios, tendremos comunión con Cristo y nuestros familiares pueden ser tocados por el Espíritu Santo, lo que resultará en que ellos sean alcanzados para el reino de Dios y tengan también vidas exitosas llenas de su gracia y poder.

El apóstol Pablo, escribiendo a los gálatas ordena, «*no nos cansemos, pues, de hacer bien; porque a su tiempo segaremos, si no desmayamos*» (Gálatas 6:9).

Dios aprueba y defiende las buenas decisiones. La vida cristiana es como un tribunal donde constantemente somos acusados, pues aun cuando nos preocupamos por tomar las mejores decisiones para nuestro crecimiento espiritual, siempre hay quien nos acusa; por tanto, siga fiel a Dios, aunque nunca aplaudan sus esfuerzos. El enemigo de nuestras almas (satanás) siempre buscará cualquier ocasión para acusarnos, para frenar nuestro crecimiento y para destruir la obra de Dios realizada en nuestros corazones.

El enemigo no hace acepción de personas; él ataca a pequeños y a grandes, a ricos y a pobres; aun los grandes siervos de Dios no están libres de ser atacados y acusados.

Una mala decisión puede llevarnos a pecar contra Dios; es entonces que satanás aprovecha para presentar una acusación formal ante Dios en contra nuestra. Ese fue el caso del sumo sacerdote Josué, la máxima autoridad religiosa del templo en Jerusalén. Ahí no se menciona cual fue el pecado por el cual el sumo sacerdote estaba siendo acusado (Zacarías 3:1-7) pero sabemos que satanás es acusador.

Nuestro enemigo nos hace ver como lo peor (v.3). Él quiere hacernos sentir que no merecemos las bendiciones de Dios, y nos presenta delante de Dios como personas comunes (ropas viles).

La ropa sacerdotal no solo muestra la consagración de Josué a un servicio especial a Dios, sino también lo distingue como una persona santa que representa a Dios ante el pueblo. La recomendación de la palabra de Dios ante una situación de esta naturaleza es la sabia y humilde decisión de un pronto y sincero arrepentimiento (1 Juan 1:7-9).

Dios hace el resto para nuestra recuperación. En el caso del sumo sacerdote Josué, Dios, como el juez justo, reprende al acusador (satanás); en otras palabras, el Señor lo llama al orden y declara que el acusado ya ha sido liberado de toda culpa (Zacarías 3:2).

Dios nos restaura y fortalece cuando hay un verdadero arrepentimiento. Somos restaurados, Dios cambia la imagen que satanás quiere que todos vean en nosotros (Zacarías 1:3-4). En una restauración interna el Señor no sólo restaura nuestra apariencia sino también lo que solo Él puede cambiar: nuestro interior. Dios ordenó que pusieran en Josué una mitra limpia sobre su cabeza y ropas de gala (v.5). Cuando tomamos la decisión de servir a Dios seremos perseguidos, acusados, atacados y calumniados, pero tenemos la defensa poderosa del Señor.

Él tiene la capacidad y la buena voluntad de transformar nuestra imagen de mendigo y de pecador en una imagen que refleja su santidad y dignidad. La mitra limpia sobre la cabeza del sumo sacerdote Josué nos enseña la limpieza de nuestra mente; una mente renovada y limpia es una mente poderosa, creativa, capaz de comprobar la buena voluntad de Dios para nuestra vida (Romanos 12:2).

Jamás permita ser despojado de las vestiduras de santidad y de autoridad con las cuales usted, mediante la bondad y la misericordia de Dios, ya ha sido revestido. Ya sea si usted es un ministro con una vestidura sacerdotal o uno/a que ejerza algún liderazgo en el cuerpo de Cristo. Inclusive, si usted solo es parte del grupo de jóvenes, damas, o caballeros de la iglesia, usted tiene una vestidura que cuidar; haga uso del poder de nuestro Abogado, nuestro Señor Jesucristo.

CAPÍTULO 6

EL PODER
SIN JUSTICIA ES LA PEOR DEBILIDAD

Es necesario siempre recordar quien es Dios. Él es quien exalta y humilla; Él es la fuente de todo poder y de toda gloria y toda honra. Por tanto, nosotros tan sólo somos vehículos e instrumentos de Él; sin el Señor no podemos hacer absolutamente nada. La Biblia nos dice: «*Yo soy la vid, vosotros los pámpanos; el que permanece en mí, y yo en él, éste lleva mucho fruto; porque separados de mí nada podéis hacer*» (Juan 15:5). Por tanto, todo el poder viene del Señor, nosotros somos simples administradores de lo que es suyo.

EL PODER ES UNA BENDICIÓN, PERO TAMBIÉN SE PUEDE CONVERTIR EN UNA TENTACIÓN

Toda tentación siempre nos lleva a pecar en el momento de consentir y ceder a ella; y el pecado, una vez que ha sido consumado (ya sea interna o externamente), nos aparta de Dios. Por ello Cristo dijo a sus discípulos que permanecieran en Él, «*por qué separados de mí nada podéis hacer*».

Todos conocemos la historia del joven David, quien, en su edad adulta, llegó a ser el rey de Israel. David fue escogido por Dios debido a la grandeza de su corazón, a fin de ser un hombre poderoso en todos los aspectos. Así, desde su temprana edad, David demostró su dependencia de Dios en medio de todos los peligros a los que se enfrentó siendo el pastor de las ovejas de su padre Isaí. Su poder se desarrolló en ese empleo tan humilde, matando osos y leones cuando amenazaban al rebaño (1 Samuel 17:34-37); pero esas hazañas en la adolescencia de David no eran el fin a lo que Dios quería llevarlo, sino más bien, era un simple entrenamiento: Dios tenía para Él grandes victorias, Dios lo exaltaría a un gran nivel. Esto nos enseña que el deseo de Dios es irnos llevando a un cada vez más alto nivel de poder, es decir, a una cercanía cada vez mayor con Él. Ese es el deseo del Señor, llevarnos de triunfo en triunfo, no de fracaso en fracaso (2 Corintios 2:14).

Así pues, tal y como sucedió con David, a quien después de matar osos y leones Dios lo llevó a ser matador de gigantes, así también sucederá con nosotros cuando honremos al Señor en lo poco y usemos el poco poder que tengamos ahora solo para honra y gloria de su Nombre; Él nos honrará dándonos más poder (vea 1 Samuel 17:37).

Aquella gran victoria contra los filisteos preparó el camino que Dios tenía para David, y luego del proceso que él tendría que pasar, llegó el día en que Dios le otorgó el trono de Israel. Y no sólo eso, sino que Dios tenía aún más para su siervo David, pues de su descendencia nacería el Rey de reyes y Señor de señores, el cual, no sólo gobernaría a Israel, sino a todas las naciones de la tierra. El Señor Jesucristo no sólo es el Rey de toda la tierra (Salmos 47:2) sino también del cielo, y un día volverá para establecer su reino terrenal de acuerdo a sus promesas.

No ponga límites a Dios respecto al poder que Él desea darle

Muchas veces creemos tener el suficiente poder, y que mucho trabajo nos ha costado alcanzarlo. Por tanto, creemos también que es *nuestro* y que podemos hacer lo que nos dé la gana con él, aunque esto sea desafiar al Todopoderoso, haciendo a un lado la justicia divina, y olvidando a Aquel que nos ha bendecido al ubicarnos en el lugar de honor y de poder en el que estamos ahora. Si pensamos que ese poder es nuestro y que podemos hacer de él lo que queramos, estamos imposibilitando a Dios para otorgarnos más poder.

Esto es lo que sucede con todos aquellos que piensan así, quienes, envaneciéndose, caen en pecado y el pecado arruina los planes que Dios tenía para sus vidas. Por ello, podemos escuchar la voz de Dios aconsejándonos esto: «No arriesgues el poder que Yo te doy por un momento de placer». No hay negocio tan malo como intercambiar el poder de Dios por el placer efímero que otorga el pecado. Por el otro lado, nada produce más gozo que mantenerse en comunión con Dios.

David nos recuerda este valioso principio, pues él, habiendo sido exaltado por el Señor, y viéndose en una posición bastante elevada de poder, olvidó este principio, y en vez de ir a luchar en el campo de batalla con su ejército, se quedó en casa disfrutando de unas largas vacaciones. Él estaba disfrutando de la vida, mientras que sus valientes arriesgaban sus vidas en la guerra. Seguramente Dios tenía planes de continuar bendiciendo a su siervo, pero David, en ese momento, estaba eligiendo un camino equivocado, y su vanagloria lo llevó a una terrible tragedia en su vida. Él mismo, con su comportamiento, estaba limitando a Dios.

EL MUCHO DESCANSO ES UN MAL INDICIO

David buscó algo que hacer para desaburrirse, y observando por la azotea de su palacio (cómo sería exactamente esto no lo sabemos con precisión), vio a una mujer hermosa que se estaba bañando (2 Samuel 11:2); David la vio y la deseó. Como rey, él estaba acostumbrado a satisfacer cualquier deseo que tuviese, pues tenía el poder para ello, pero ahora su deseo era algo pecaminoso, algo desagradable ante los ojos del Señor.

Así que, el rey David no se quedó con el deseo, sino que hizo las gestiones para traer a la mujer al palacio y la hizo su mujer, a sabiendas de que era una mujer casada. Betsabé, como sabemos se llamaba ella, era esposa de uno de los mejores soldados del ejército israelita. Con ella, David tuvo unos cuantos momentos de placer, pero esos momentos tuvieron un gran precio. Siempre el pecado trae graves consecuencias; y luego, al continuar leyendo en las Escrituras la historia del rey David, podemos constatarlo. Las terribles consecuencias de su pecado son una seria advertencia a todos los que servimos a Dios desde entonces y hasta nuestros días.

Indudablemente David tuvo la oportunidad de rechazar esa tentación. Tuvo oportunidad de apartar la vista y clamar a Dios por ayuda, pero no lo hizo. Fue entonces cuando cayó en la trampa del diablo.

DE ADULTERIO A ASESINATO INTELECTUAL

Un pecado lleva a otro mayor cuando no nos humillamos ante Dios sino seguimos creyendo que tenemos el poder y la autoridad para actuar en independencia de Él. Y David, aunque intentó por un tiempo ocultar su grave falta, no lo pudo hacer, más bien, por el contrario, siendo que las cosas no resultaron como él lo había planeado, se vio en la necesidad de asesinar al marido de Betsabé. Logrado el asesinato, David pensó que ya todo estaba arreglado; sin embargo, Dios había sido testigo de todo y no estaría jamás dispuesto a que estos pecados quedasen impunes.

Fue así como Dios envió a su siervo Natán para darle una Palabra al rey David (2 Samuel 12:1-9). David quería ocultar sus pecados, pero ¿podemos ocultarnos de Dios? Así que, al verse confrontado por la palabra de Dios, no quedó para él otro remedio que reconocer su pecado.

Los pecados de David detuvieron las bendiciones y el poder que Dios tenía todavía preparados para él; y fue así como el resto de su vida la dedico a arrepentirse y a sufrir las consecuencias de las malas decisiones que había tomado, y del mal que hizo ante los ojos de Aquel que lo había engrandecido (vea Salmo 51:1-7).

No basta con tener una casa ordenada, también debe estar limpia

Siempre hay cosas en casa que no están en el lugar correcto, o peor aún, cosas que, siendo innecesarias, deberían ya estar en el cesto de la basura. Cuando tomamos la decisión de ordenar lo que tenemos en desorden, pronto nos damos cuenta de que hay muchas cosas que hace tiempo debimos haber tirado a la basura. Son cosas inservibles que se han acumulado con el tiempo. Normalmente, antes de poner algo más en ese lugar que estamos ordenando primero limpiamos el sitio y luego colocamos el objeto, queremos que todo esté limpio.

De igual manera funciona la vida cristiana, no basta poner las cosas en orden en la casa, es decir, en nuestras vidas, sino que, cuando tomamos la decisión de hacer cambios para vernos bien ante los demás, también debemos poner atención a la limpieza.

Quizá usted, como muchos otros cristianos, tratan de llevar una vida ordenada: asiste a los servicios de su iglesia con regularidad, colabora con sus diezmos y ofrendas y mantiene buenas relaciones con los demás feligreses, pero se ha preguntado ¿estoy limpio, tengo una limpia conciencia? ¿Cómo me ve la gente? ¿Cómo me ve Dios?

La limpieza no se puede dejar para después, y más cuando esperamos una visita especial; recuerde que nada está oculto ante los ojos de Dios. Los detalles que los ojos humanos no pueden ver están completamente expuestos ante los ojos de Dios, pues Él todo lo ve, hasta lo más profundo de nuestro corazón. Por eso Jesús declaró en Mateo 5:8 «*Dichosos los de corazón limpio porque ellos verán a Dios*» (NVI). Si Dios ve que cada una de nuestras acciones son limpias ante Él también esta limpieza espiritual nos capacita para ver su gloria.

DIOS NOS HABLA A TRAVÉS DE LO QUE MENOS ESPERAMOS

«*Antes de entrar hay que dejar salir*», esta fue una frase que escuché en un comercial de televisión de la famosa compañía de seguros State Farm. El mensaje visual muestra a un agente de dicha compañía frente a una casa intentando entrar para prestar algún servicio, pero al momento de intentar entrar, la puerta se abre y una persona sale. Es entonces que el agente se detiene y dice: «*Antes de entrar hay que dejar salir*».

Este comercial televisivo me hizo recordar una experiencia personal. Cuando comencé a escribir este pequeño libro (el que ahora sostiene usted en sus manos), hubo serios problemas en mi vida. Cuando apenas había escrito los primeros tres capítulos, fui interrumpido por el desánimo. Vinieron dudas a mi mente pensado si deveras lo que estaba haciendo era la voluntad de Dios. Estaba a punto de entrar en un campo desconocido para mí, y esto me traía nerviosismo. Aunque estaba recién graduado del doctorado en teología por la Hope Brigade University, reconozco que, aunque había escrito algunos pequeños ensayos (folletos), nunca había escrito un libro completo como este.

Era la primera vez que empezaba un proyecto así; algo que, para mí, era demasiado grande. Fue así como me asaltaron muchos pensamientos negativos tales como: *¿Quién va a querer tu libro si nadie te conoce? Son muy pocos los que saben que existes, además hay tantos buenos escritores famosos*, entonces venían a mi mente los nombres de muchos siervos de Dios que han sido para mí de gran bendición debido a sus libros.

Todo esto que he mencionado me paralizó, y por unas dos semanas no escribí ni una sola página. Es increíble que Dios use los medios de comunicación comunes para ponernos a pensar y retomar las cosas que estamos a punto de abandonar por muchas razones.

La frase me despertó, «*Antes de entrar debes dejar salir*», es decir, yo debía dejar salir mis temores y pensar que lo que estaba haciendo era algo de Dios. Siempre es la voluntad del Señor que compartamos al mundo lo que de Él hemos recibido. La Biblia dice: «*De gracia recibisteis, dad de gracia*» (Mateo 10:8).

Cuando la lógica dice que no, el Señor dice que sí

Todos los temores y dudas que me habían paralizado desaparecieron; dejé de confiar en mi poder y en mi popularidad (que no tenía) y decidí en mi corazón continuar con el proyecto que Dios me había encomendado.

La puerta estaba abriéndose mediante el poder de Dios, y fue entonces que dejé salir de mí todos los temores, dudas e inseguridades que se habían apoderado de mi alma. Entonces el Señor habló a mi corazón diciendo: «Lo importante no es que tú seas conocido o no, sino el deseo que tienes de que todos aquellos que no me conocen sean alcanzados con mi amor, mi poder y mi misericordia. Yo no quiero que ninguno perezca; ni que ninguno se pierda por falta de conocimiento».

Por tanto, amigo lector, deje salir de su vida todo aquello que le causa duda y temor. Expulse de su corazón todo aquello que le paraliza; tome cada día la cruz de Cristo y siga adelante en pos de Él. Siga las instrucciones que el Señor dio a sus discípulos en Mateo 10:7-8. El Señor en aquella ocasión empoderó a los que envió y les dijo: «*De gracia recibisteis, dad de gracia*» (v.8), es decir, gratuitamente.

Es natural que tengamos oposición del maligno. Éste siempre se interpondrá para que no hagamos la obra del Señor, y vendrá a sembrar dudas, temores e incertidumbres; sin embargo, mayor es el que está en nosotros que el que está en el mundo (1 Juan 4:4).

CAPÍTULO 7

EL CARÁCTER DE UN CRISTIANO
PODEROSO

El poder espiritual de una persona se refleja en su carácter. Santiago 3:13-18 nos dice:

«¿*Quién es sabio y entendido entre vosotros? Muestre por la buena conducta sus obras en sabia mansedumbre. Pero si tenéis celos amargos y contención en vuestro corazón, no os jactéis, ni mintáis contra la verdad; porque esta sabiduría no es la que desciende de lo alto, sino terrenal, animal, diabólica. Porque donde hay celos y contención, allí también hay perturbación y toda obra perversa. Pero la sabiduría que es de lo alto es primeramente pura, después pacífica, amable, benigna, llena de misericordia y de buenos frutos, sin incertidumbre ni hipocresía. Y el fruto de justicia se siembra en paz para aquellos que hacen la paz*».

El diccionario Larousse de sinónimos y antónimos describe la palabra *carácter* como *humor, temperamento, naturaleza, temple, índole, genio, personalidad*. Tomaremos la última palabra, la palabra *personalidad*, para describir el carácter de una persona poderosa espiritual.

La personalidad de una persona puede ser dominante, fuerte, o puede ser pacífica y tranquila. Cuando el carácter de un cristiano es controlado por el poder del Espíritu Santo, Él hace los ajustes necesarios para moldear el carácter del individuo, de modo que el poder de Dios sea usado de forma correcta y que honre al Señor.

El gran problema

El uso inadecuado que se le da al poder conferido por Dios es algo que se ha visto mucho a través de la historia. Muchos a quienes Dios ha dado poder, luego se rebelan contra el mismo que les dio el don, y hacen uso indebido de él. Todos hemos recibido una medida de poder el cual está reflejado en nuestras habilidades o talentos, pero es nuestra responsabilidad usarlo correctamente a fin de que todo lo que hagamos sea para la gloria de Dios (Col. 3:17).

El problema surge cuando usamos nuestra fuerza para controlar a otros, mientras no hacemos nada para controlarnos a nosotros mismos; cuando usamos el poder para nuestros propios intereses y no para los intereses del reino del Dios. La Iglesia del primer siglo experimentó este problema cuando se usaba indebidamente el poder conferido a los destinatarios de la carta de Santiago (3:13-18). El Apóstol nos enseña que la Iglesia de aquella época estaba en problemas debido a que carecía de un carácter cristiano: se había apartado de la voluntad de Dios y había distorsionado Sus propósitos y la verdad del evangelio.

Santiago les hace una pregunta retórica: «*¿Quién es sabio y entendido entre vosotros?*» Y a continuación dice: «*Muestre por la buena conducta sus obras en sabia mansedumbre*» (v.13). Lo que Santiago está diciendo es que un buen carácter espiritual se muestra en buenas acciones, no solamente en una buena predicación o enseñanza teológica. Santiago nos enseña que cuando nuestro conocimiento no es respaldado con un buen carácter moral y espiritual estaremos en serios problemas (Santiago 3:14-16).

La sabiduría humana podrá ser buena para hacer cualquier cosa respecto a la vida en este mundo, pero la sabiduría que viene del cielo —que se produce mediante la gracia de Dios— es otorgada únicamente a todos aquellos que lo aman (Santiago 3:17-18). ¿Qué clase de sabiduría opera en su vida? ¿La terrenal o la celestial? Recuerde que la sabiduría que es de lo alto *primeramente es pura, después pacífica, amable, benigna, llena de misericordia, buenos frutos y sin incertidumbre, sin hipocresía.*

El verdadero poder espiritual no es el de este mundo. Todos los diplomas, títulos, y reconocimientos que podamos coleccionar aquí, no se pueden comparar con la sabiduría y el poder de lo alto. Todo conocimiento terrenal sólo es información; información que podemos usar para nuestro beneficio personal, pero la sabiduría que conduce al verdadero poder espiritual es una unción de Dios. Una unción que nos guía a tomar decisiones correctas que honren al Señor y den testimonio de Él a los que nos rodean: a nuestra familia, a nuestros hermanos, a la iglesia, a nuestros vecinos y a la comunidad a la que pertenecemos.

Un buen carácter espiritual conquista corazones

Hay muchas personas que desde su nacimiento fueron bendecidos por Dios con un buen carácter; son personas alegres, amigables y sinceras. Sin embargo, hay muchas otras que son retraídas, portan una cara de pocos amigos y se molestan por cualquier cosa.

Mientras que las primeras, siempre están rodeadas de muchos amigos, las segundas son personas cuyo carácter les convierte en personas solitarias, ya que espantan a la gente y muchos las evitan por temor a meterse en problemas. No obstante, ambos grupos de personas necesitan relacionarse entre sí; y si queremos ganar el corazón de los demás debemos evitar algunos conceptos equivocados que nos limitan en dicha conquista.

- *No importa que nadie me quiera con que me quiera Dios es suficiente*: esta clase de actitud no genera ningún interés en los demás, y es inútil para conquistar sus corazones.
- *No soy monedita de oro para caerle bien a todos*: es verdad que no somos moneditas de oro, pero nuestra meta debería ser amable con todos (Filipenses 4:5).
- *El señor conoce mi corazón*: por eso mismo deberíamos mostrar más amor por el prójimo para ganar su corazón.
- *Yo no le hago mal a nadie*: el problema es que tampoco hacemos el bien a nadie, las Escrituras dicen: «*seguid la paz con todos, y la santidad, sin la cual nadie vera al Señor*» (Hebreos 12:14).

CONQUISTA EL CORAZÓN DE LA GENTE: ES UNA ORDENANZA DE DIOS

En Filipenses 4:5-7 encontramos cuatro sabios consejos para conquistar los corazones de los demás:

- No hacer excepciones. v.5 «*Vuestra gentileza sea conocida de todos los hombres. El Señor está cerca*».

  La última frase del versículo cinco tiene un tono imperativo, «*el Señor está cerca*». Esto significa que no hay tiempo que perder, hay cosas que las debemos hacer hoy porque quizá mañana sea demasiado tarde.

- No sólo debemos conquistar los corazones de aquellos que nos caen bien. Es fácil desarrollar buenas relaciones con aquellos con quienes tenemos afinidad en la forma de pensar y de actuar, o con los que tenemos metas en común, pero ¿qué de aquellos que siempre nos critican, ven el lado negativo de las cosas y no nos apoyan? El consejo bíblico incluye a todas las personas. Por tanto, incluiré dos ideas más:

- No negarle nuestra gentileza a nadie sin importar su apariencia física o su posición social, intelectual y económica, etc., y seamos agradecidos con ellos (v.6)

- Cuando conquistamos los corazones de los demás, crecemos en la gracia y en sabiduría del cielo (v.7).

LAS ARMAS PODEROSAS DE UN CONQUISTADOR DE CORAZONES

Como en toda batalla, no se puede combatir sin las armas adecuadas. Recordemos que nuestra lucha no es contra sangre ni carne sino contra principados, contra huestes de maldad que imperan en los aires (Efesios 6:12); por tanto, necesitamos estar armados y entrenados para esta guerra espiritual. Algunas de las armas de un conquistador de corazones son:

- *La humildad*: no hay arma más efectiva que la humildad, porque con ella, las personas se sienten cómodas y abren las puertas de su corazón para una bonita amistad (Filipenses 2:3).

- *La sencillez*: recordemos que —hablando de lo material— nada hemos traído a este mundo y nada nos llevaremos de aquí (1 Timoteo 6:7). Cuando seamos llamados a la presencia de Dios, lo único que nos llevaremos es algo inmaterial: el gozo de haber conquistado algún corazón para el Señor (Santiago 1:9-11).

- *La gratitud*: cuando somos agradecidos también conquistamos el corazón de la gente y también el de Dios.

- *La integridad*: cuando perdemos la integridad nadie confía en nosotros. Ser íntegros significa ser una persona intachable moralmente. Sin embargo, si acaso cometimos algún error, lo mejor será reconocerlo y pedir perdón tan pronto sea posible; también es indispensable perdonar a todos quienes nos ofenden. Cuando no reconocemos nuestros errores jamás lograremos ser íntegros; y las cosas empeoran cuando no perdonamos a los que nos ofenden, esto es darle lugar al diablo (Efesios 4:26-27). La peor consecuencia de esto es que perdemos el gozo y el poder espiritual, ya que contristamos al Espíritu Santo.

Al cuidar nuestra integridad no sólo ganamos el corazón de los demás, sino que el Señor nos llevará de poder en poder y de conquista en conquista.

En conclusión, podemos decir que todo conquistador de corazones poderoso es aquel que:

⇒ Borra de su corazón todo concepto equivocado respecto a sus relaciones interpersonales.

⇒ Reconoce que conquistar el corazón de la gente no es una opción sino un mandato cristiano.

⇒ Reconoce que sólo puede ganar y conquistar el corazón de los demás teniendo humildad, sencillez, y mostrando gratitud.

⇒ Mantiene su integridad para ganar la confianza de la gente.

¡Use el poder que Dios le ha dado para honrar a Dios! Y ministre con él al cuerpo de Cristo, que es su Iglesia.

CAPÍTULO 8

EL PODER
ESPIRITUAL NO SE HEREDA, SE CONSTRUYE

Podemos heredar de nuestros padres algunos rasgos físicos, como el color de la piel, el color del cabello, el color de los ojos y algunas otras características físicas. También quizá, de alguna manera, heredemos algunos rasgos de temperamento. En algunas ocasiones podemos heredar riquezas y un buen nombre. Todo esto —y quizá algunas otras cosas más, como una buena educación, p.ej.—, es lo que nuestros padres pueden heredarnos, pero algo que jamás podremos heredar de ellos es el poder espiritual, porque este poder no se encuentra en los genes paternos sino sólo en Dios.

Un padre no puede esperar que su hijo sea abogado sólo porque él es abogado o que su hijo sea cantante sólo porque él es un cantante famoso. En el aspecto ministerial un pastor que ame el ministerio no puede obligar a sus hijos a ser pastores (o hacerlos pastores sin llamamiento) sólo porque él es un pastor consagrado.

La instrucción bíblica para los padres es esta: «*Instruye al niño en su camino, Y aun cuando fuere viejo no se apartará de él*» (Proverbios 22:6). Lo más grande que podemos hacer por nuestros hijos es darles la instrucción necesaria para que honren a Dios, y para que, por ninguna razón, se aparten de Él.

El poder espiritual es un privilegio personal

Ya hemos establecido por la Palabra que la fuente de todo poder es Dios, y que éste no puede ser heredado de nuestros padres terrenales, y también, que lo mejor que podemos recibir de nuestros padres es una buena instrucción basada en el temor de Dios. Pero el poder espiritual es un asunto personal que comienza con un nuevo nacimiento; eso fue lo que Jesús le dijo a Nicodemo en Juan 3:3.

Es como si Cristo le dijera a Nicodemo: «¿Quieres poder espiritual? Te es necesario nacer de nuevo». Podemos heredar de nuestros padres una religión, pero esto no constituye una verdadera relación con el Dios todopoderoso. Dios estableció el sacerdocio levítico en el pasado y ninguna otra tribu de Israel podía ejercer este ministerio sino sólo la tribu de Levi y sus descendientes. El sacerdocio se perpetuó por generaciones (vea Éxodo 28:1-3; 29:1); inclusive, este concepto continúa vigente en el judaísmo.

Sin embargo, en la era cristiana (donde estamos incluidos judíos y gentiles como un sólo pueblo) el Señor mismo amplió este ministerio sacerdotal a cinco ministerios, y estos ministerios son: apóstoles, profetas, evangelistas, pastores, y maestros (Efesios 4:11). Veamos lo que dice 1 Pedro 2:9: «*Más vosotros sois linaje escogido, real sacerdocio, nación santa, pueblo adquirido por Dios, para que anunciéis las virtudes de aquel que os llamó de las tinieblas a su luz admirable*».

Aquí, el apóstol Pedro declara que todos los cristianos nacidos de nuevo también somos declarados como:

⇒ Linaje escogido (al igual que Israel).

⇒ Real sacerdocio (sin ser levitas).
⇒ Nación santa (pues hemos sido lavados con la sangre de Cristo).

Todo esto Dios lo ha hecho con un propósito especial: representar a Dios ante el mundo y al mundo pecador ante Dios.

TODOS SOMOS LLAMADOS A VIVIR EN EL PODER DEL ESPÍRITU

Dios llama y Dios empodera; sin embargo, Dios espera que hagamos nuestra parte. Debemos buscar el poder de Dios constantemente y ejercerlo en cada situación de nuestra vida. Toda búsqueda demanda esfuerzo, aunque contemos con el poder de Dios, Él también exige nuestra participación. A Josué se le exigió valentía y mucho esfuerzo (Josué 1:6, 9).

Si a Josué se le exigió valentía y esfuerzo para conquistar la tierra de Canaán, cuanto más a cada uno de nosotros, para quienes nuestra meta no es la conquista de una porción de tierra aquí sino las mansiones celestiales, ¿¡cuánto más debemos esforzarnos por vivir para Dios!? Como dice Gálatas 2:19 «*Porque yo... soy muerto... a fin de vivir para Dios*». Por ello, ¡con mayor razón debemos esforzarnos y más aún al saber que Él ha prometido estar con nosotros todos los días hasta el fin del mundo! (Mateo 28:19-20).

Es verdad que Dios nos da el poder, pero es nuestra responsabilidad trabajar duro y pelear en la batalla con todas nuestras fuerzas usando ese poder. Las batallas que Josué obtuvo no las obtuvo por sus propias fuerzas, pues Dios era quien les daba la victoria; sin embargo, tanto él como los demás israelitas debieron esforzarse en la batalla.

La Biblia dice: «*El caballo se alista para el día de la batalla; Más Jehová es que da la victoria*» (Prov. 21:31). Es decir, que sin el poder sobrenatural de Dios interviniendo en cada una de las batallas que libraron los israelitas, ellos jamás hubieran podido conquistar la tierra de Canaán; sin embargo, ellos tenían que poner su parte, esforzarse y ser valientes. Eso es también lo que Dios nos pide a cada uno de nosotros. La salvación ha sido lograda por la gracia de Dios mediante el sacrificio perfecto del Señor Jesucristo, pero resta en cuanto a nosotros esforzarnos cada día y trabajar duro para agradar a Dios. ¡A fin de que vivamos para Dios!

La gran importancia del discernimiento espiritual

Es fácil medir al oponente cuando lo tenemos frente a frente, pero ¿qué pasa cuando no lo podemos ver? Recordemos que nuestra lucha no es contra cananeos de carne y hueso como en el caso de los israelitas; nosotros no podemos ver su estatura ni su corpulencia física, no vemos sus armas ni el número de su ejército. Sin embargo, las Escrituras nos instruyen para que los identifiquemos; ella primeramente nos enseña que «*no tenemos lucha contra sangre ni carne, sino contra principados, contra potestades, contra gobernadores de las tinieblas de este siglo, contra huestes espirituales de maldad en las regiones celestes*» (Efesios 6:12).

Así que, debido a que la lucha es espiritual, solo viviendo en el Espíritu tendremos el poder para identificar todo espíritu de las tinieblas que atenta cada día contra nosotros para robarnos la paz y sacarnos fuera del combate al producir miedo y debilidad en nuestra vida cristiana.

Por tanto, si no podemos ver a nuestros enemigos físicamente, aprendamos a escuchar para identificarlos. Saber escuchar equivale a ver con los ojos del alma; de eso también se trata el poder espiritual: ver más allá de lo que está delante de nuestros ojos físicos. Por ello, debemos mantener nuestros oídos y ojos espirituales atentos contra todo ataque del maligno. Hay tantos espíritus engañosos de los cuales debemos protegernos (vea 1 Timoteo 4:1-4), y en general, todo espíritu que contradiga la palabra de Dios es nuestro enemigo. El apóstol Pablo, hablando por el Espíritu Santo, los identifica como espíritus engañadores, y dice de sus doctrinas que son doctrinas de demonios (1 Timoteo 4:1).

También en 1 Juan 4:1-4, el Señor nos aconseja a probar los espíritus si son de Dios o no. Es decir, nos dice que debemos aprender a escuchar para identificar a todos aquellos que, aunque pudieren hablar en nombre de Dios, son falsos profetas y maestros que lo único que pueden enseñarnos son doctrinas de hombres y doctrinas de demonios. Estos son los que, con sus tretas diabólicas, nos roban el poder espiritual.

También debemos aprender a escuchar a los seres humanos: a nuestra esposa o esposo, a nuestros hijos; a los vecinos, a los compañeros de trabajo, a los compañeros de escuela y hasta a la familia extendida; por ejemplo, a la suegra y a los cuñados.

Cuando examinamos los espíritus y pedimos a Dios discernimiento espiritual sabremos si son de Dios o si son anticristianos, también estaremos preparados para presentar una defensa realmente efectiva.

TRES FORMAS EFECTIVAS DE DEFENSA ESPIRITUAL

El apóstol Pedro nos presenta tres formas de defensa poderosa en 1 Pedro 3:15, ahí dice: *«Sino santificad a Dios el Señor en vuestros corazones, y estad siempre preparados para presentar defensa con mansedumbre y reverencia ante todo el que os demande razón de la esperanza que hay en vosotros».*

En primer lugar, nos dice que presentemos defensa con *mansedumbre*. La violencia contra los seres humanos no es parte de la defensa cristiana. Se dice que la mejor defensa es atacar primero, que el que golpea primero golpea dos veces. Sin embargo, el Señor Jesucristo enseñó que es preferible que te golpeen dos veces (Mateo 5:34) en vez de contestar la agresión. La mejor forma de ganar una batalla es *evitándola*, no devolviendo mal por mal.

La mansedumbre es un arma poderosa. A Jesús le funcionó perfectamente, por eso el aconseja, *«aprended de mí, que soy manso y humilde de corazón»* (Mateo 11:29). La mansedumbre también es una expresión del fruto del Espíritu, por lo que una persona agresiva carece de la llenura del Espíritu Santo y su vida es incontrolable.

En segundo lugar, debemos presentar defensa con *reverencia*, pues la palabra de Dios dice que debemos ser reverentes. Los atletas chinos antes de entrar en combate se inclinan ante su adversario y después se defienden de cualquier ataque.

Esto es lo que nos enseña el poder cristiano: el respeto muto es la base de una vida de poder y de una vida victoriosa. Los conflictos más comunes se ocasionan por la irreverencia, porque todos los seres humanos merecen respeto sin importar su condición física, social, racial, económica o intelectual. La palabra nos enseña a no devolver mal por mal, por tal razón la mejor defensa es perdonar, es amar para conservar la paz personal y de nuestra comunidad. Por tanto, el respeto debe comenzar en el hogar entre esposos, entre padres e hijos y con el resto de la familia.

En tercer lugar, en la defensa se debe usar *la razón*, es decir, actuar con sabiduría. Esto es también lo que se espera de una persona con poder espiritual; y si en alguna ocasión no nos dan la razón, seamos humildes, pues después de todo, quizá realmente no la tenemos; también debemos recordar que muchas veces nuestros intereses no son los mismos de los demás. Por tanto, puesto que nuestros puntos de vista son diferentes, actuemos con sabiduría.

También los versículos de 1 Pedro 3:16-18 nos hablan de una *esperanza*. La esperanza a la que se refiere el Apóstol es la esperanza de salvación, que un día seremos como el Señor, pues le veremos tal y como Él es. Estos versículos nos enseñan la importancia de prepararnos para presentar una defensa poderosa frente a los ataques que se presentan contra nuestra vida espiritual, en tanto presentemos también una defensa del evangelio con poder; esto incluye:

⇒ Poseer una buena conciencia.
⇒ Estar dispuestos a padecer por hacer el bien.
⇒ Padecer como Cristo padeció por nuestros pecados ¡Amen!

Poder en medio de las pruebas y las tentaciones

Muchas de las pruebas por las que pasamos tienen un propósito; Dios las permite para reafirmarnos en la fe. Las pruebas son experiencias desagradables como la enfermedad, el dolor, el rechazo, las calumnias, la pobreza, las dudas, y muchas otras cosas más.

Las tentaciones no vienen de parte de Dios, porque Dios no tienta a nadie ni puede ser tentado por el mal (Santiago 1:12-16). El Omnipotente jamás actuará en contra de sus leyes, por eso tentarlo se convierte en un pecado: «*No tentarás al Señor tu Dios*» (Deuteronomio 6:16; Lucas 4:12).

Tanto las pruebas como las tentaciones vienen a los cristianos con propósitos especiales; y mientras que las pruebas nos afirman en la fe, las tentaciones demuestran el verdadero nivel de fortaleza que tenemos. Así también, si caemos en ellas, las tentaciones se habrán convertido en pecado y el pecado nos hará más débiles aún. Puesto que tanto las pruebas como las tentaciones tienen grandes efectos en nuestras vidas espirituales, analicemos ambas.

Cuando somos vencidos por las tentaciones, éstas se convierten en pecado y el pecado nos separa de Dios. Recordemos que cuando recibimos a Cristo en nuestro corazón somos liberados de la culpa por nuestros pecados; sin embargo, la carne continúa en nosotros, y si no estamos fuertes espiritualmente, ésta nos arrastrará a pecar de nuevo; es decir, recibir a Cristo no extirpa el deseo de pecar que está dentro de nosotros. La ventaja que tenemos es que dice la Biblia que si *confesamos nuestros pecados el Señor es fiel y justo para perdonar nuestros pecados y limpiarnos de toda maldad* (1 Juan 2:1-2). El tentador sabe bien esto, por eso fue capaz de tentar a Cristo mismo; le tentó a convertir las piedras en pan; le ofreció fama y riquezas, pero a cambio de ello le pedía a Jesús que se postrará ante él y le adorara (Mateo 4:1-10). Los que soportan la tentación son bienaventurados (dichosos) porque su recompensa es maravillosa y es eterna (Santiago 1:12).

El poder de Dios frente a las tentaciones

El poder de Dios, del Todopoderoso, es el único poder que nos dará la victoria contra nuestro adversario (Hechos 1:8). El poder del Espíritu Santo en la vida del creyente es el único poder con el que podemos hacer frente a cualquier tentación y salir victoriosos. Dios conoce a cada uno de nosotros, por eso no nos abandonará en ningún momento, el conoce nuestros límites y la capacidad de cada uno, y no va a permitir que seamos tentados más allá de lo que podemos soportar (1 Corintios 10:13); sin embargo, nos manda que seamos llenos constantemente del poder del Espíritu Santo (Efesios 5:18).

Efesios 5:18 dice: «*No os embriaguéis con vino, en lo cual hay disolución; antes bien sed llenos del Espíritu Santo*». En el contexto de este pasaje se nos habla de seguir la voluntad de Dios (v.10), comprobando lo que le agrada. Así también nos habla del pecado, de las obras de las tinieblas, de lo que los pecadores hacen en secreto y de aprovechar bien el tiempo. Indudablemente dentro de los pecados que comúnmente se practican está el pecado de la embriaguez. Respecto a ello, el apóstol Pablo nos da la formula para vencer el pecado y vivir una vida de luz: Sed llenos del Espíritu Santo. Para todo cristiano, el poder del Espíritu Santo será suficiente para vivir una vida de luz, es decir, una vida de santidad.

Lo mismo sucede con las pruebas

Las pruebas nos ayudan a crecer en fe y nos muestran la verdadera medida que tenemos de ella. El apóstol Pedro nos habla de lo grandioso de la obra de salvación efectuada en nosotros, pero también nos advierte que vendrán pruebas que enfrentaremos como seguidores de Cristo. 1 Pedro 1:4-7 dice:

«*Para una herencia incontaminada e inmarcesible, reservada en los cielos para vosotros, que sois guardados por el poder de Dios mediante la fe, para alcanzar salvación que está preparada para ser manifestada en el tiempo postrero. En lo cual vosotros os alegráis, aunque ahora por un poco de tiempo, si es necesario, tengáis que ser afligidos en diversas pruebas, para que sometida a prueba vuestra fe, saldrá mucho más preciosa que el oro, el cual aunque perecedero se prueba con fuego, sea hallada en alabanza, gloria y honra cuando sea manifestado Jesucristo».*

Nótese que en el versículo 5 el Apóstol nos habla del poder de Dios, el cual nos guarda. Dios es poderoso para sostener nuestra alma y librarnos de la muerte espiritual (Salmos 33:19; Judas 1:24).

Cuando las pruebas son necesarias

Parece contradictorio el hecho de que Dios permita las pruebas, tal como dice el apóstol Pedro inspirado por el Espíritu, *«si es necesario»* (v.5); y luego también dice, *«por un poco de tiempo»* (v.5).

Esto me hace pensar que no siempre son necesarias las pruebas; luego, cuando lo son, no son para siempre, sino *«por un poco de tiempo»*. Esta expresión significa que las pruebas no tienen que ser permanentes. Las pruebas son necesarias cuando Dios las permite, pues Él tiene propósitos mucho más grandes de lo que nosotros somos capaces de ver. Él desea hacer algo a través de nosotros o en nosotros.

La Biblia está llena de ejemplos de grandes siervos de Dios que fueron puestos a prueba, para luego llevar a cabo los propósitos de Dios en sus vidas y en las vidas de los demás, pero en esta ocasión sólo mencionare a algunos de ellos.

1. Job: fue usado por Dios para demostrar a satanás —y a todas las generaciones venideras— que, a pesar de todas las tentaciones, Dios tiene personas fieles que le aman en verdad (1:8).

Dios mismo da testimonio de Job diciendo que él es su siervo, que no hay otro como él en la tierra. Dice de él que era un varón perfecto y recto, temeroso de Dios y apartado del mal (1:1). Pero satanás trata de destruir nuestra fidelidad a Dios y trata de convencernos de que es inútil vivir para Dios. El diablo también nos acusa de que amamos las riquezas más que a

Dios mismo (quien nos ha dado todo lo que tenemos, vea Job 1:10-11).

Es en este momento que comienza la prueba de Job, la cual se narra en el capítulo 1. Luego, en el capítulo 42 podemos leer respecto a su postrer estado: Job fue bendecido con salud y con el doble de las riquezas que había perdido.

No sabemos cuánto tiempo Job tuvo que esperar en Dios. Lo que sí sabemos es que, sea el tiempo que haya sido, Job tuvo que confiar durante todo ese tiempo en que Dios es justo, y que si él estaba en sus manos allí siempre estaría seguro (Juan 10:28). De eso se trata el poder espiritual: confiar y esperar en la justicia y en el poder de Dios para hacer nuevas todas las cosas (Apocalipsis 21:5).

2. Isaías: las pruebas tienen un poder transformador (referencia, Isaías 6:1-8).

En los primeros versículos del capítulo 6 de Isaías se nos cuenta la situación de Israel. El rey Uzías había muerto, la nación entera vivía momentos de incertidumbre, e Isaías estaba deprimido porque el heredero al trono era un joven de veinte años llamado Jotam (2 Reyes 15:30).

En momentos de pruebas debemos refugiarnos en Dios; eso fue lo que hizo Isaías, acudió al templo para clamar a Dios por su seguridad y la del pueblo. Cuando nos refugiamos en Dios Él nos muestra su gloria. Isaías tenía frescas aún las vivencias que tuvo con el rey Uzías; y fue en medio de esta circunstancia donde Dios le mostró una visión maravillosa de su gloria. El rey Uzías había muerto pero el Rey de reyes aún seguía sentado sobre un trono alto y sublime lleno de gloria y de poder (Isaías 6:1-4).

- *La presencia de Dios es poderosa*: cuando los reyes desaparecen, Él sigue presente con toda su majestad (v.1).
- *Los quiciales de las puertas del templo se estremecieron.*
- *La casa se llenó de humo*: se reconoce donde hay fuego porque también hay humo.

- *La presencia de la gloria de Dios nos hace reconocer nuestras debilidades* (v.5). La presencia de la gloria de Dios purifica el alma (Isaías 6:6-7)
- *La presencia de la gloria de Dios abre nuestros oídos para escuchar la voz de Dios,* nos fortalece para hablar *de* su nombre y *en* su nombre (v.8). Esta experiencia de la presencia de Dios en la vida de Isaías fue el inicio de un ministerio profético fructífero y poderoso.

3. David: el propósito de Dios en las pruebas de David fue enseñarle a ser paciente (Salmo 40:1-4). Cuando esperamos confiados en Dios experimentamos cosas maravillosas:
- El Señor escucha nuestro clamor.
- Nos saca del pozo de la desesperación.

No importa que tan enlodados estemos, el Señor afirma nuestra vida para que vivamos en rectitud delante de Él (v.2).

Las pruebas de David al final lo llenaron de gozo para que otros alcanzaran las bendiciones que resultan de confiar en Dios (v.3). No hay mayor dicha que la producida al confiar plenamente en el Señor en cualquier circunstancia de nuestra vida v.4.

4. Jeremías: las pruebas también tienen el propósito de darnos sabiduría (Jeremías 33:3). Las pruebas de Jeremías consistieron en una persecución constante contra su vida por causa de proclamar el mensaje de Dios al pueblo de Israel. En esta ocasión —la que se menciona en este capítulo, el 33— él estaba preso (v. 1); y fue en ese momento que vino la palabra de Dios a su corazón para animarlo y enseñarle que no todo estaba perdido (v. 2).

Pero el v.3 tiene la promesa no solo para Jeremías sino para cada uno de nosotros, *«clama a mí y yo te responderé y te enseñaré cosas grandes y ocultas que tú no conoces».* Cuando confiamos en Dios en medio de las pruebas, Él no solo nos responderá sino también recibimos revelaciones nuevas de los propósitos de Dios para nuestra vida.

Podríamos seguir citando ejemplos respecto a este tema, ya que la Biblia está llena de grandes hombres de Dios como Pedro, Pablo, Esteban, Juan y muchos más, quienes, aunque pasaron por duras pruebas, cumplieron con los propósitos de Dios en sus vidas, y de ello hoy nos gozamos y aprendemos de sus testimonios.

CAPÍTULO 9

LOS LIMITES DE
PODER ESPIRITUAL
(CASO DE UZÍAS)

Cuando hablé de las pruebas de Isaías también mencioné al rey Uzías. En este capítulo usaremos como ejemplo a este rey para entender que el Todopoderoso sigue siendo Dios y que por ninguna razón debemos sobrepasar los límites de autoridad que Él nos ha establecido.

SEMBLANZA DEL REY UZÍAS

El nombre de Uzías significa Yahvé es poder. Antes de hablar sobre el rey Uzías creo conveniente mencionar que hubo otros cuatro hombres que también llevaron este mismo nombre (en total cinco personas mencionadas en las Escrituras):

1. Uzías, uno de los descendientes de Leví (1 Crónicas 6:24).
2. Uzías, padre de uno de los tesoreros de David (1 Crónicas 27:25).
3. Uzías, el mencionado en Esdras 10:21, quien fue un sacerdote levita casado con una extranjera que vivió en Judá después del exilio.

4. Uzías, el descendiente de Judá y padre de un residente de Judá posterior al exilio (Nehemías 11:4). Y finalmente,
5. El rey Uzías mencionado en Isaías 6:1.

Este último Uzías es la persona que tomaremos como ejemplo para hablar de los resultados de traspasar los límites establecidos por Dios para nuestra vida.

Josefo (historiador judío del primer siglo después de Cristo) nos da un pequeño resumen de la vida del rey Uzías. Él dice que tenía 16 años cuando fue proclamado rey de Judá en lugar de su padre Ananías, quien por cierto murió asesinado. Dice también que era un hombre muy enérgico y que derrotó a los filisteos, a los árabes y a los amonitas; luego reparó las murallas de Jerusalén, excavó cañales y fortaleció el ejército.

El grave error de Uzías

Pero estos éxitos y esta prosperidad le hicieron orgulloso; él olvidó que fue Dios quien le había capacitado y empoderado para hacer todo lo que había hecho.

Un día, durante una fiesta pública, Uzías se vistió con los ropajes sacerdotales y entró en el templo para ofrecer sacrificios sobre el altar de oro. Cuando los sacerdotes lo vieron, trataron de impedírselo diciéndole que no era lícito para nadie —excepto para los sacerdotes descendientes de Aarón— ofrecer estos sacrificios.

El rey se encolerizó y amenazó con matarlos si no callaban. Pero Dios estaba observándolo todo. ¿Qué sucedería exactamente en ese momento? La Biblia no nos da muchos detalles, pero yo imagino que la tierra comenzó a temblar, y se abrió una abertura por donde rayos de luz comenzaron a iluminar el rostro de Uzías: él se encolerizó contra los sacerdotes, pero su actitud había desatado, en ese mismo momento, el juicio de Dios. Por tanto, el rey, en el acto, se volvió leproso. Sucedió que, tan inmediato como los sacerdotes vieron la lepra que había brotado en su frente (vv. 19-20), ordenaron al rey que saliera del templo y de la ciudad. Ahora, siendo rey, se le tendría como persona inmunda.

Uzías entonces, horrorizado y avergonzado por lo que había sucedido, hizo como le fue dicho y vivió fuera de las murallas de Jerusalén como un aldeano y ciudadano común; así, su hijo Jotam asumió el mando del reino.

Uzías murió dolorido y abatido a la edad de 68 años, ¡después de haber reinado durante 52 años! Dios lo había bendecido grandemente librándolo de sus muchos enemigos, y a pesar de la corta edad en que asumió el poder, Dios le concedió crear un ejército de 307,500 poderosos soldados (2 Crónicas 26:13). Sin embargo, Uzías no pudo vencer su más grande enemigo. Su más grande enemigo no fue el ejército árabe, ni el filisteo, ni el amonita sino su propio orgullo y soberbia; la falta de temor al traspasar los límites de su poder y autoridad.

El poder espiritual no elimina los enemigos, los multiplica

Una estrategia militar enseña si no puedes vencer al enemigo lo mejor es unirte a él; sin embargo, esta estrategia no aplica para los cristianos, porque nuestra lucha no es contra carne ni sangre, sino contra principados, contra huestes de maldad en las regiones celestiales (Efesios 6:12). Y estos enemigos espirituales propician que existan también enemigos de carne y hueso que nos aflijan. No podemos unirnos a ellos ni en sus ideas ni en su comportamiento, pero sí podemos orar que se conviertan a Dios.

A quien nosotros ya estamos unidos es a Cristo, y separados de Él nada podemos hacer (Juan 15:5). Así que, lo único que nos asegura la victoria espiritual es el poder de Cristo en nosotros. Cuando el cristiano está unido a Cristo, éste sabe discernir las alianzas engañosas en las que el enemigo quiere envolvernos, alianzas que tienen como objetivo hacernos tropezar y caer. Mientras tanto, una persona que se aparta de la fuente de poder (la cual es Cristo Jesús), pierde la capacidad para discernir entre el bien y el mal (Hebreos 5:14).

Satanás es el principal enemigo de nuestras almas, y él usa todos sus espíritus de maldad que tiene a su mando para debilitarnos y destruirnos. Este enemigo es un imitador y farsante y no hace excepción de personas, él ataca a pequeños y a grandes, a fuertes y a débiles, a sabios e ignorantes.

Así como Dios no quiere que ninguno se pierda, sino que todos procedan al arrepentimiento (2 Pedro 3:9), satanás, al contrario, no quiere que nadie se salve, ya que él mismo no tiene ninguna esperanza de salvación, sino que le está destinado, irremisiblemente el lago de fuego, lugar físico que ya ha sido preparado para él y sus demonios (Mateo 25:41).

Cuando Dios establece límites nadie los puede traspasar sin afrontar consecuencias

Dios es quien tiene el control de toda la creación. Y en ella, Él ha establecido límites, es decir, el control de todos los elementos de la tierra. Por ejemplo, la Biblia dice que Él estableció límites para los mares (Proverbios 8:29). Dice que los vientos son sus mensajeros, y a las flamas de fuego llama sus ministros (Salmos 104:4). Y si Dios tiene el control de todos los elementos naturales, ¡cuanto más control tendrá de cada ser humano, quien es la corona de su creación, pues fue hecho a su imagen y conforme a su semejanza (Génesis 1:26)! Ciertamente también le estableció límites en cada una de sus actividades, a fin de brindarle protección.

Cuando traspasamos los límites establecidos por Dios creamos el peligro de ser eliminados, porque el orgullo anula nuestro buen funcionamiento. Eso fue lo que pasó con el rey Uzías, él traspasó los límites del lugar que le fue asignado por Dios. Él tenía ya un lugar muy prominente e importante como rey de Judá, pero su orgullo lo llevó a querer ser sacerdote y ofrecer sacrificios en el templo, lo cual era el oficio de los sacerdotes, hijos o descendientes de Aarón (2 Crónicas 26:16-19). El orgullo nos aparta de los propósitos de Dios (Proverbios 21:4), e inclusive, el pasaje de Proverbios nos dice claramente que el orgullo es pecado, y todo pecado trae como consecuencia la muerte (Romanos 3:23); así entonces, el orgullo es una rebelión seria contra Dios, y es seguro que traerá sus consecuencias si no existe un arrepentimiento genuino.

Dios es el que exalta y el que humilla (Salmo 147:6)

El propósito de Dios es exaltarnos tanto como sea posible, por eso cuando nos humillamos ante Él, Él nos perdona y cuando nos arrepentimos de nuestros pecados, nos recibe como sus hijos. Ese es el momento en que comienza nuestra exaltación y nuestro crecimiento en el poder del Espíritu Santo.

Dios es quien controla los tiempos y los niveles de poder que ha depositado en nosotros, y nuestro único aporte es humillarnos ante Él; es decir, reconocer que nuestras fuerzas vienen totalmente de Él (2 Crónicas 7:14). La Biblia dice: «*Como el calor en lugar seco, así humillarás el orgullo de los extraños; y como calor debajo de nube harás marchitar el renuevo de los robustos*» (Isaías 25:5).

Cuando una persona es invadida por el orgullo es como un árbol frondoso que es afectado por una plaga. Todo lo que brote de él no será bueno y sus frutos serán de mala calidad; luego, pasado el tiempo, llegará el día cuando la plaga hará que el árbol entero se seque. Las consecuencias del orgullo y de la altivez pueden alcanzar a nuestros hijos, nietos, bisnietos y más allá, hasta que alguien temeroso de Dios surja y terminé con toda esa maldición (Éxodo 20:5).

Sigamos el ejemplo del Maestro

Jesús es el Maestro de maestros; no hay otro Modelo que pueda superar su ejemplo, pues su poder, autoridad, sabiduría, amor, mansedumbre, humildad, paciencia, servicio y demás cualidades son insuperables. Sólo Jesús, después de su muerte en la cruz, pudo decir: «*Toda potestad me es dada en el cielo y en la tierra. Por tanto, id, y haced discípulos a todas las naciones, bautizándolos en el nombre del Padre, y del Hijo, y del Espíritu Santo*» (Mateo 28:18-19).

Sólo habían pasado algunos días antes de que la madre de los hijos de Zebedeo había pedido a Jesús que les diera a sus hijos

—Santiago y Juan— un lugar especial en su reino (Mateo 20:20-25). Es admirable como esta madre se preocupó por el bienestar futuro de sus hijos; sin embargo, Jesús no la felicito por preocuparse por el futuro de sus hijos, sino que la respuesta del Maestro fue sencilla: «*No sabéis lo que pedís*» (v.22); y aunque estos dos hermanos estaban dispuestos a pagar el precio de ese lugar de poder y autoridad, Jesús les aclaró que Él no estaba autorizado para complacer su petición, sino que estaba sólo en Dios el Padre concederla o no a ellos (v.23)

Jesús mismo nos enseña a no tomar atribuciones que tan sólo a Dios le corresponden. Él es quien establece el momento en que nos dará el poder y autoridad que Él quiera. Si Jesús mismo reconoció los límites establecidos por Dios, ¿quiénes somos nosotros para traspasarlos? No obstante, el Señor mismo nos asegura que cuando obedecemos a lo que Dios ha establecido, seremos grandemente bendecidos por Él.

Mateo 11:29 nos asegura que cuando aprendemos a ser humildes y a tener la mansedumbre de Cristo, hallaremos descanso para nuestras almas. La paz de Dios en nosotros hará desaparecer toda fatiga espiritual, y nuestro caminar con Él será más gozoso. Las cargas que el Señor nos pide llevar son ligeras porque no las llevamos nosotros solos, sino que el mismo Cristo, quien está con nosotros, nos ayudará y fortalecerá. Si permanecemos en Cristo, Él estará con nosotros en toda circunstancia de la vida.

CAPÍTULO 10

EL PODER
Y LA OBEDIENCIA

La obediencia es una virtud que está conectada estrechamente con la voluntad de toda la raza humana; por tal razón, esta palabra tiene una amplia definición. El diccionario de la lengua española infiere varios sinónimos: acatamiento, observación, respeto, disciplina, sujeción, subordinación, docilidad, sumisión. Cuando una persona tiene esta hermosa virtud se dice que es una persona *obediente*, es decir, que es una persona disciplinada, cumplida, sumisa, dócil, mansa, manejable y suave.

El que alguno sea suave y manejable en ningún momento significa que sea débil de carácter, es decir, alguien que cualquiera pueda manejar a su antojo. Cuando hablamos de un cristiano obediente hablamos también de una persona sabia, con principios bien fundamentados en la palabra de Dios. Hablamos de alguien que es capaz de obedecer a Dios y a su Palabra antes que a todos los demás, pues la misma palabra de Dios dice: «*Es necesario obedecer a Dios antes que a los hombres*» (Hechos 5:29).

La obediencia a Dios demanda sacrificio; esa era la situación de los apóstoles cuando hicieron la declaración del versículo de Hechos 5:29. El contexto en el que los apóstoles de Jesús hacen esta declaración está saturada de eventos maravillosos y sobrenaturales, como la muerte de Ananías y Zafira por mentir contra el Espíritu Santo (vv.5-10), por ejemplo.

Las señales y milagros eran hechas por mano de los apóstoles (vv. 5, 11-16). Y entre estos milagros estuvo uno que es en verdad bien precioso: ¡que los apóstoles fueran liberados por un ángel del Señor cuando estaban bien custodiados en la cárcel, y esto sin que los guardias se dieran cuenta! (vv.18-24). No cabe ninguna duda que cuando aplicamos el principio de la obediencia para honrar al Señor, Él también nos honrará con poder y crecimiento en fe.

ACCIONES Y REACCIONES DE LA OBEDIENCIA A DIOS

Ya hemos observado en nuestro pasaje de Hechos 5:1 las acciones y las reacciones tanto de los apóstoles como de las autoridades religiosas de Jerusalén. Las acciones de los apóstoles causaban diferentes reacciones en los que recibían las sanidades y los milagros. Estos últimos radiaban de gozo y gratitud a Dios; también se producía temor de Dios en el pueblo. Sin embargo, por otro lado, las acciones de los apóstoles producían celos, enojos, rechazo, envidia y preocupación en las autoridades religiosas.

¿Cómo puede ser posible que una acción producida por la obediencia a Dios cause una reacción negativa en personas que supuestamente sirven al mismo Dios que hace las señales? La única respuesta es que la religión no tiene el poder que desarrollan los que obedecen y tienen una relación con Dios, estos son los que creen y se fortalecen en el Señor cada día.

Cuando obedecemos a Dios experimentamos penas; pero también mucho gozo (Hechos 5:40-42). Los versículos finales del capítulo 5 de Hechos nos muestran las verdades o principios antes mencionados: penas, sufrimientos y amenazas, así como también gozo. La obediencia al gran mandamiento de Jesús de predicar su santo evangelio hasta lo último de la tierra tiene un gran costo; sin embargo, tiene también grande cosecha para la gloria de Dios y galardón en el reino de los cielos.

La obediencia a la palabra de Dios nos abre el entendimiento
Cuando tomamos la decisión de vivir en obediencia a Dios nuestra vida cobra sentido, y ya no podemos dar marcha atrás. Dejamos de ser estáticos y nos volvemos como un terreno fértil y como una semilla que germina y crece llevando el fruto que Dios desea ver en nosotros.

Los religiosos de la época apostólica presumían de tener la verdad de Dios (y era cierto de alguna manera), el problema estaba en que ellos no podían aceptar que la palabra de Dios respecto al Mesías tenía su cumplimiento en Jesús.

El Señor demostró el Emanuel del cual habló Isaías 7:14 (vea Mateo 1:23), pero aquellos religiosos —con todas sus presunciones de santidad y obediencia— jamás pudieron entenderlo. La razón era que la religión es estática mientras que el Evangelio de Dios es dinámico y poderoso.

Juan dice, al hablar del cumplimiento de esta maravillosa profecía lo siguiente: «*A lo suyo vino, y los suyos no le recibieron. Mas a todos los que le recibieron, a los que creen en su nombre, les dio potestad de ser hechos hijos de Dios*» (Juan 1:11-12).

Nadie puede creer en el poder espiritual obedeciendo y practicando los ritos de la ley del antiguo pacto sin obedecer los mandatos del nuevo. El pacto de gracia (el nuevo pacto) consiste en que el Cordero de Dios ya fue sacrificado por los pecados de todo el mundo, y lo hizo una sola vez y para siempre. Por tanto, nuestra mirada y obediencia debe ponerse en Dios, en la Nueva Jerusalén, la celestial.

La ciudadanía de la religiosidad está en esta tierra, pero los ciudadanos del nuevo pacto, la Iglesia verdadera de Cristo, tienen su ciudadanía en los cielos, de donde esperamos a nuestro Salvador, al Señor Jesucristo (Filipenses 3:20-21). La adherencia a la palabra de Dios produce paz y gozo en el Espíritu, y lo que Dios nos da nadie nos lo puede quitar, ni la misma muerte.

Hace ocho años mi madre se enfermó de muerte. En esa época yo tenía dos años de no verla, ya que ella vivía en El Salvador, Centroamérica y yo vivía en los Estados Unidos de Norteamérica; así que, al enterrarme de su gravedad, tomé un vuelo y fui a donde ella estaba para acompañarle en sus últimos días de vida. Fueron 15 días de dolor y gozo. Cuando llegué la primera sorpresa fue que esa señora de 80 años me recibió de pie, no postrada ni inmóvil, ni en una cama como yo lo había imaginado. Ella no corrió hacia mí como en las ocasiones anteriores; pero ahí estaba ella, sonriendo, tomada del brazo de mi hermano mayor y compartiendo la alegría del resto de mi familia, quienes también me abrazaban, dándome la bienvenida.

Luego, ya que ella no vino a mí, yo fui hacia ella. La abrasé, la besé delicadamente. Dado que tenía un cáncer terminal, no quería lastimarla. En esta ocasión ella no fue tan expresiva conmigo como en otras ocasiones en que la había visitado, pero lo que sí pude notar en su rostro fue que manifestaba una paz tan profunda, la cual podía contagiar a cualquiera que tuviese contacto con ella.

Su última semana de vida fue algo fuera de lo común. Casi no dormía por las noches, y nosotros, sus hijos y el resto de la familia, tampoco. Lo único que hacíamos era estar pendientes de ella, y cuando por fin se quedaba dormida, también nosotros aprovechábamos para descansar un poco. Después de unas 2 horas se despertaba cantando y luego nosotros debíamos levantarnos y añadirnos al culto matutino. Así fueron los últimos días de vida de mamá, quien, aunque en sus últimos días perdió la conciencia de lo que le estaba sucediendo, jamás perdió el gozo de vivir. Finalmente, el Señor la tomó de la mano, y la llevó con Él a la patria celestial.

La palabra enseña: «*Si vivimos por el Espíritu, andemos también por el Espíritu*» (Gálatas 5:25). Después de vivir esta experiencia del fallecimiento de mi madre pude entender que sólo podríamos vivir por el Espíritu *andando* en el Espíritu Santo. El Espíritu Santo es quien nos da gozo y ese gozo perdurará aún hasta la hora en que tengamos que partir con el Señor, al final de nuestra vida aquí.

No hay ningún vacío que la gracia de Dios no pueda llenar

La pérdida de mi madre dejó un vacío enorme en mi vida. Mi madre era la mujer que oraba con gran clamor por mi vida, y ahora no estaba ya entre nosotros, había partido para estar con Cristo. Me hacía mucha falta mi madre; sin embargo, yo me refugiaba en la palabra de Dios. Recuerdo que un día Dios usó un hermosísimo pasaje bíblico para hablar a mi corazón. Fue el pasaje de Isaías 6:1; ahí Isaías habla de la muerte del rey Uzías, quien los eruditos dicen que posiblemente pudiera haber sido el primo de Isaías.

La razón es que cuando alguien cercano parte de esta tierra nos deja muchos vacíos, muchos inclusive quedan afectados y débiles. El rey Uzías fue un rey temeroso de Dios, y durante su reinado, Judá experimentó un gran avivamiento espiritual. La fe y el temor a Dios del pueblo sin duda habían crecido. Este pasaje bíblico me impactó, pues desde el primer versículo —en donde dice que el rey Uzías había muerto— dice también: «*Vi yo al Señor sentado sobre un trono alto y sublime, y sus faldas llenaban el templo*».

No cabe duda de que la muerte del rey Uzías había entristecido la vida del profeta, y éste se había refugiado en el templo, esperando en Dios para fortalecerse en aquellos momentos de incertidumbre. Pero fue precisamente ahí en donde le fue mostrada una gran visión de la gloria de Dios.

El mensaje revelador de Dios tenía un propósito claro: mostrarle a Isaías que, aunque el rey Uzías había muerto, el rey de

Reyes seguía vivo y sentado en la majestuosidad de su trono para brindar justicia y seguridad a todo aquel que lo buscará de todo corazón.

Cuando buscamos a Dios, y estamos realmente dispuestos a verle, no sólo Él nos mostrará su gloria, sino también nos consolará, nos purificará, y nos dará nuevas fuerzas. Dios abrirá para nosotros un camino nuevo, para que le sirvamos de una manera específica. Solo debemos estar dispuestos a obedecer lo que nos mande y a seguir sus propósitos. Tan sólo tenemos que someternos a los procesos de Dios y Él hará el resto. Cuando el Señor, en su misericordia, nos muestra su gloria, nos libera de los temores que habían hecho presa de nuestro corazón, y nos purifica; entonces entendemos sus bellos propósitos y somos capaces de decir como dijo Isaías: «*Heme aquí, envíame a mí*» (Isaías 6:8).

El Señor tiene un propósito para cada uno de nosotros. No importa la situación por la que usted esté pasando ahora; quizá haya vacíos en su vida que le hagan sentirse indigno de ver la gloria de Dios; sin embargo, siempre que nos acercamos a Dios Él se acercará a nosotros (Santiago 4:8), nos mostrará que hay mucho camino que recorrer, y nos dirá que Él quiere usarnos para engrandecer su gloria en la tierra.

La palabra de Dios tiene todos los nutrientes que nuestra vida espiritual necesita. La Palabra misma dice: «*Desead como niños recién nacidos, la leche espiritual no adulterada, para que por ella crezcáis para salvación*» (1 Pedro 2:2). Este es el principal propósito de este libro. Dios puso en mi corazón compartir este libro con el mundo, con el fin de despertar en cada uno un gran deseo —como niños recién nacidos— por la palabra de Dios. Cada palabra que está escrita aquí está pensada para producir en usted crecimiento y fortaleza en Dios. Todos necesitamos crecer cada día.

Capítulo 11

EL PODER
EN MOMENTOS DIFÍCILES

LAS BATALLAS DIFÍCILES

Las batallas más difíciles son aquellas que se presentan repentinamente. Pueden presentarse cuando realizamos tareas de rutina, ya sea, por ejemplo, cuando viajamos al trabajo o cuando vamos a la tienda. Quisiera ilustrar esto con un caso en que me vi involucrado hace algún tiempo, mientras escribía este capítulo. Se dio el caso en que mi esposa estaba de viaje fuera del país; estaría fuera durante un mes, y aunque en general me había dejado suficientes provisiones para todo el mes, después de dos semanas, me empezaron a faltar algunas cosas, por lo que decidí ir a una tienda, la cual no distaba mucho de nuestra vivienda.

Aproveché para darme una caminata con mi perrito chihuahua, para que él también hiciera un poco de ejercicio. Llegamos a la tienda, y yo até a mi acompañante a la estación de bicicletas donde estaría hasta que yo regresara después de mis compras; hasta ahí todo estuvo muy bien. De pronto, apareció en la escena un hombre joven que venía bajo la influencia del alcohol (o de alguna droga), quien comenzó a insultarme; me preguntaba por qué había llevado a mi mascota a la tienda.

Lo que hice en ese momento fue ignorar lo que me decía el sujeto; sin embargo, él continuó, y amenazaba también con patear al perro (aunque éste, por su instinto, le ladraba sin cesar). Los ladridos del perro violentaron más al individuo; mientras tanto, yo estaba en suspenso, no sabía que hacer; así que me propuse a esperar en Dios, que Él me librara de esa situación. El Señor escuchó mi oración en silencio, pues al instante llegó el dueño de la tienda, Pablo, quien me conocía desde hacía algunos años. Éste habló con firmeza al sujeto, diciéndole que si no se marchaba, llamaría a la policía. Ante tal amenaza, aquel hombre loco cambió totalmente su actitud, y empezó a tratar con cariño a mi perrito; ¡oh, pero *chiquis* no le creyó! y continuó tratando de morderlo. Quizá eso era precisamente lo que buscaba aquel hombre: que el perro le mordiera para tener de qué acusarme en caso de que llegara la policía.

En ese momento yo me sentía muy irritado y confieso que me hubiera gustado que *chiquis* lo mordiera para que aprendiera una lección; sin embargo, no permití que eso sucediera, sino que regresamos a casa sanos y salvos, luego de aquel incidente desagradable y difícil, el cual logramos superar gracias a Dios.

Con esto quiero ilustrar algo muy importante: un pequeño incidente puede tornarse en un gran problema si no lo resolvemos con sabiduría. Así es como funciona el poder de Dios en los momentos difíciles, cuando decidimos depender de Él en toda situación; ahí, la sabiduría del cielo vendrá y seremos librados de caer en las trampas del maligno.

Dios nos creó con instintos para protegernos en los momentos de peligro

Muchas veces no podemos prevenir el peligro sino hasta el instante en que estamos frente a él. Así, nuestra primera reacción es defendernos; sin embargo, no podemos depender de nuestros instintos, es mucho mejor desarrollar una total dependencia de Dios, esperando en la dirección del Espíritu Santo.

El instinto de conservación es bueno, y funciona cuando estamos frente a un peligro que atenta nuestra integridad física; no obstante, la lucha más grande del cristiano es la lucha espiritual. La Biblia dice que luchamos contra principados, contra huestes de maldad en las regiones celestiales; por tanto, tan sólo la dirección y el poder del Espíritu Santo nos pueden capacitar para vencer en ese tipo de luchas.

SÍ QUEREMOS TENER PODER ANDEMOS EN EL ESPÍRITU

La Biblia dice en Gálatas 5:25 «*Si vivimos por el Espíritu, andemos también por el Espíritu*». Cuando empezamos a vivir en Cristo, no podemos vivir más de acuerdo a los instintos. Los instintos nos ayudan a protegernos físicamente, pero a los cristianos, Dios nos ha provisto de recursos más poderosos: la dirección y el poder del Espíritu Santo.

Los ataques más dolorosos en la vida no son los físicos sino los golpes al corazón, las ofensas, las calumnias, los insultos, el desprecio, el desamor; esto sí que duele. En muchas ocasiones estas cosas causan heridas difíciles de sanar; son heridas que pueden ser causadas en el seno de la familia misma, entre esposos, entre padres e hijos, entre hermanos; los seres queridos son los que nos causan las heridas más dolorosas, pues son personas de las que no esperábamos nos causaran daño.

Es ahí, en esos momentos, cuando más necesitamos el poder del cielo para no buscar venganza ni guardar resentimientos que nos conduzcan a la amargura y a la falta de paz de Dios. Es ahí que necesitamos tener dominio propio y confiar que Dios se encargará de todo; pero no es nada fácil, pues necesitamos estar preparados espiritualmente.

Los momentos difíciles pueden surgir dentro de la Iglesia

La Iglesia es el cuerpo de Cristo; sin embargo, todavía no somos una comunidad perfecta. Es por eso que el Apóstol aconseja: *«Así que, los que somos fuertes debemos soportar las flaquezas de los débiles, y no agradarnos a nosotros mismos»* (Romanos 15:1).

El mejor uso que podemos hacer de la fortaleza espiritual es servir a los más débiles. Debemos soportarlos, y renunciar a nuestros derechos y privilegios para ser un punto de apoyo para ellos. Es necesario comprenderlos, perdonarlos cuando hacen o dicen cosas desagradables en contra del cuerpo de Cristo. Dios derrama su poder sobre nosotros para ser de apoyo a los menos fuertes; no satisfaciéndonos a nosotros mismos, sino soportando la carga que los débiles no pueden llevar. Este es el verdadero propósito de Dios al llenarnos de su poder.

Cuando enfrenta los conflictos con sabiduría todo se pone a su favor

Dios siempre premia los sacrificios cuando actuamos usando su sabiduría. Muchas veces debemos renunciar a cosas que legítimamente nos pertenecen; pues hacer uso de nuestros derechos no logrará edificar al débil, por ello, nos vemos obligados a no hacer uso de ellos. Es por ello que dice la Palabra: *«Todo me es lícito, pero no todo conviene; todo me es lícito, pero no todo edifica»* (1 Corintios 10:23).

Jesús es el máximo ejemplo de humildad y de servicio. En Juan 12:14-15 leemos: *«Y halló Jesús un asnillo, y montó sobre él, como está escrito: No temas, hija de Sion; He aquí tu Rey viene, Montado sobre un pollino de asno»*. Jesús bien podría haber preferido entrar en un carruaje de lujo, eso y mucho más era lo que Él merecía; sin embargo, Él prefirió hacer su entrada triunfal a Jerusalén montado en un asno. ¿Por qué lo hizo Jesús así? Jesús no intentó mostrar el poder y el esplendor del reino de los cielos, el cual sobrepasa infinitamente al terrenal, sino Él quiso enseñar que la verdadera riqueza está en ser un servidor de los demás. Él dijo: «*Vosotros me llamáis Maestro, y Señor; y decís bien, porque lo soy. Pues si yo, el Señor y el Maestro, he lavado vuestros pies, vosotros también debéis lavaros los pies los unos a los otros*» (Juan 13:13-14).

Por tanto, la mejor sabiduría y poder de Dios en los momentos difíciles es actuar con humildad. No defendiendo nuestros derechos sino cediéndolos y renunciando a ellos: este es el secreto de la verdadera fortaleza divina en el cristiano.

Cuando nos llenamos del amor de Dios siempre venceremos

El favor de Dios consiste en la gracia que Él derrama en nuestras vidas. Es posible que padezcamos toda clase de persecución, enfermedades, carencias de muchas cosas para nuestra vida diaria, etc., pero el consuelo de contar con la protección de Dios nos dará la fortaleza que necesitamos en todos los momentos difíciles. Hay ocasiones que pareciera que Dios no responde a nuestras oraciones; sin embargo, podemos tener la seguridad de que Él tiene un plan muy importante para cada uno de nosotros (2 Corintios 12:7-9).

En el capítulo 12 de 2 Corintios podemos leer la experiencia de Pablo. Ahí él narra que le fue enviado un aguijón en su carne; un mensajero de Satanás que lo torturaba a fin de que no pensara de sí mismo ser más grande que los demás debido a todo lo que Dios le había revelado. Tres veces había orado pidiéndole al Señor que lo quitara de su vida, pero la respuesta de Dios fue siempre la misma: «*Bástate mi gracia*» (2 Corintios 12:9). Hay ocasiones en que Dios permite que suframos un poco para librarnos de sufrimientos mayores, es decir —mayormente— del sufrimiento de la condenación eterna, la cual sucede si nos desviáramos de sus caminos y de sus propósitos.

Es preferible contar con la gracia y el poder permanente de Dios que un bienestar temporal en lo físico. Yo no cambiaría el gozo de la gracia de Dios por nada del mundo, porque la gracia de Dios supera todo lo que el mundo ofrece: el dinero, la fama, el prestigio personal, los títulos, etc. La gracia de Dios nos da el poder para vivir conforme a su voluntad.

La gracia de Dios nos da un estatus mayor

Así como Dios tenía un plan mayor para el apóstol Pablo, también lo tiene para cada cristiano que lo busca y le sirve de todo corazón. Es como si Dios le digiere a Pablo: «Ten paciencia, esfuérzate un poquito más, porque mi poder se perfecciona en la debilidad». Por eso el apóstol se gozaba de estar en un proceso de perfección, algo que jamás se puede lograr mediante nuestros propios méritos sino únicamente por la infinita gracia de Dios.

Por tanto, amigo lector, le exhorto a que padezca por la causa de Cristo; gócese en ello, porque esos momentos de debilidad y de angustia son usados por Dios para derramar su gracia perfeccionándole, a fin de alcanzar la estatura de la plenitud de Cristo (Efesios 4:13). El camino hacia la perfección requiere mucha paciencia y perseverancia, es un proceso que dura toda la vida. Jesús dijo: «*Mas el que persevere hasta el fin, este será salvo*» (Mateo 24:13). No podemos quedarnos a medio camino ni dar marcha atrás, contamos con el poder de Dios y su abundante gracia, la cual nos llena de gozo cada día.

Capítulo 12

EL PODER
ESPIRITUAL Y LAS ACTITUDES

Dios nos ha creado de una manera que ni nosotros mismos podemos dimensionar. El ser humano es la obra maestra de Dios, y fue creado con aptitudes maravillosas; también con la capacidad de mostrar actitudes que le ayuden a hacer brillar esas aptitudes. Quizá usted, amado lector, tenga alguna duda de la diferencia que existe entre estas dos palabras: aptitud y actitud. Para ello, me gustaría definirlas ahora:

Aptitud: por aptitud se entiende aquello que Dios creó en el ser humano antes de la caída, y que no desapareció luego del pecado. Estas muchas habilidades y capacidades no desaparecieron con la introducción del pecado; sin embargo, el ser humano sufrió una distorsión de ese poder dado por Dios y ahora necesita retomar todo lo perdido para funcionar correctamente en los propósitos para los cuales fue creado, es decir, mostrar la imagen gloriosa de Dios depositada en cada uno de nosotros. Las aptitudes son aquellas cualidades que nos identifican con Dios, porque somos hechura suya, creados a su imagen y semejanza.

Actitud: siendo las aptitudes las herramientas que Dios puso en nosotros, las actitudes son la *forma* en que usamos estas bellas herramientas. Si el Señor ya nos bendijo con múltiples habilidades, ahora es nuestra responsabilidad desarrollar buenas actitudes para usarlas de modo que en cada una de nuestras acciones honremos a nuestro Creador y Señor.

Así entonces, todo cristiano nacido de nuevo ha sido doblemente preparado. En primer lugar, Dios nos creó con múltiples aptitudes, es decir, nos creó con la capacidad de señorear sobre toda creación (Génesis 1:27, 28). Pero también, en segundo lugar, el nacido de nuevo tiene de Dios las *actitudes* para desarrollar estas aptitudes.

Así como las *aptitudes* nos identifican con el Creador, las *actitudes* que ahora tenemos en Cristo nos distinguen del mundo. El cristiano nacido de nuevo continúa en el mundo, pero *ya no es* del mundo, sino que ha sido llamado y restaurado para hacer la diferencia. Y cuando éste desarrolla las actitudes correctas, las aptitudes o dones que Dios le ha dado se fortalecen. La decisión está en cada uno de nosotros: o usamos lo que Dios ya nos ha dado para los propósitos de Dios o los usamos para nuestros propios propósitos.

Actitudes engañosas

Como notamos al principio, hay dos poderes en conflicto en este mundo: el poder de Dios, que es eterno, y el poder temporal, el que tiene satanás ahora. Recordemos que satanás no nos ha dado nada, sino todo lo contrario, este terrible enemigo ha venido a robar, matar y destruir todo lo bueno que Dios ha creado para nuestro bien (Juan 10:10). Usted y yo somos los únicos responsables de las actitudes que tenemos y de todas nuestras decisiones. Por el otro lado, Dios ha creado las leyes y Él también es el único que podrá juzgarnos.

El enemigo tratará de engañar nuestros sentimientos, y muchas veces en nuestro corazón no está la verdad, mayormente si somos motivamos por los sentimientos. La Biblia dice: «*Engañoso es el corazón más que todas las cosas, y perverso; ¿quién lo conocerá?*» (Jeremías 17:9). Es por ello que es un grave error guiarnos por lo que el corazón nos dicte. Más bien, debemos siempre ser gobernados por lo que Dios dice en su Palabra. El apóstol Pedro nos dice: «*Tenemos también la palabra profética más segura, a la cual hacéis bien en estar atentos como a una antorcha que alumbra en lugar oscuro, hasta que el día esclarezca y el lucero de la mañana salga en vuestros corazones*» (2 Pedro 1:9). Por tanto, lo que dice la Palabra de Dios siempre será la verdad, y debemos ser dirigidos por ella en todos los aspectos de nuestra vida.

La fortaleza se encuentra con el ejercicio

Todos sabemos que el ejercicio físico produce en buen estado de salud. Hoy en día los gimnasios se han convertido en un negocio lucrativo. Seguramente existe algún buen gimnasio cerca del lugar donde usted vive; y a éste, como muchos otros alrededor del mundo, acuden muchas personas diariamente para ejercitarse. Algunos lo hacen por prescripción o recomendación médica, pero otros tan sólo para desarrollar su fuerza y su destreza.

La palabra de Dios dice poco respeto al ejercicio corporal, y en el único versículo que existe en referencia a esto, el apóstol Pablo dice: «*Ejercítate para la piedad; porque el ejercicio corporal para poco es provechoso, pero la piedad para todo aprovecha, pues tiene promesa de esta vida presente, y de la venidera*» (1 Timoteo 4:7-8).

Lo que aquí Pablo aconseja a Timoteo no es que deje el gimnasio, sino que no descuide el ejercicio espiritual, puesto que éste es de mucha más importancia que el ejercicio físico, puesto que éste es provechoso tanto para la vida hoy, como para la vida eterna. En cuanto a este ejercicio —el espiritual— el Señor Jesucristo ordena: «*Llevad mi yugo sobre vosotros, y aprended de mí, que soy manso y humilde de corazón; y hallaréis descanso para vuestras almas; porque mi yugo es fácil, y ligera mi carga*» (Mateo 11:29-30).

Todo ejercicio demanda sacrificio, mucho esfuerzo y produce mucha fatiga; sin embargo, la promesa de Cristo es que el ejercicio espiritual produce descanso. Ahora veamos más a detalle este versículo.

- *Llevad mi yugo sobre vosotros* — el yugo es una armazón de madera colocada en la parte superior de una yunta de bueyes para ayudarlos a andar parejos.

En la Biblia, en algunos casos se usa esta palabra para hablar de la esclavitud, de la servidumbre y las penurias (vea p. ej. 1 Reyes 12:4; Jeremías 27:8); pero cuando Jesús dice *llevad mi yugo sobre vosotros* lo dice en el sentido positivo: significa el trabajo de todo discípulo unido a Él para llevar a cabo la Gran comisión, es decir, el trabajo de ganar almas para el reino de Dios mediante el santo Evangelio de salvación.

- *Aprender de mí que soy manso y humilde de corazón* — el ser manso y humilde no limita el poder, más bien es al contrario: multiplica la fortaleza, ya que, por estar unidos a Cristo, estamos unidos a fuente más poderosa que existe. Aquí el aprendizaje del que habla Jesús no es intelectual, no es algo teórico sino práctico. No algo que tan sólo llene la mente del individuo; sino que, cuando aprendemos a llevar el yugo con Cristo, mediante la experiencia, andando con Él cada día, eso no sólo llenará nuestra mente de un buen conocimiento, sino que también nuestro corazón será lleno del verdadero poder, un poder que proviene del cielo mismo. Cristo dijo: «*Toda potestad me es dada en el cielo y en la tierra*» (Mateo 28:18).

El Señor desea compartir su poder con cada uno de nosotros, pero primero tenemos que llevar su yugo, su yugo es un yugo de mansedumbre y humildad. También la Biblia dice: «*He aquí os doy potestad de hollar serpientes y escorpiones, y sobre toda fuerza del enemigo, y nada os dañará*» (Lucas 10:19).

Los efectos que causa llevar el yugo de Cristo y aprender de Él son maravillosos. No sólo esto nos llena de su poder, sino también…:

✠ *Hallareis descanso para vuestras almas* (v.29) — esto significa que llevar el yugo de Cristo no esclaviza ni produce cansancio sino libertad espiritual. En este descanso no gastemos tiempo y energía haciendo cosas por nuestras propias fuerzas; recuerde que no estamos solos en la obra del Señor, Dios es poderoso y con Él, cualquier carga es ligera porque contamos con su fortaleza (Mateo 11:30).

SU ACTITUD DEFINE SU NIVEL DE PODER

Si sus actitudes son las correctas, no tendrá por qué preocuparse de nada, pues este camino es el que conduce al poder. Nuestras palabras en este respecto son muy importantes, porque mediante ellas, usted declara aquello que recibirá aprobación de Dios. La Biblia dice que Él honra a los que le honran (1 Samuel 2:30). Una persona que constantemente se ve involucrada en conflictos con los demás debería hacer un alto en el camino y revisar su comportamiento, es muy posible que sus actitudes sean la razón de sus problemas y sus debilidades.

El apóstol Pablo entendía que todo cristiano puede tener etapas de decadencia espiritual, y por tal razón llama a una renovación del individuo a fin de que éste recupere el poder del espíritu en su vida (Romanos 12:1-2). Seguramente, en esos momentos, un cambio de actitud será la clave para que nuestra vida sea *re-empoderada* y volvamos así al camino de la voluntad de Dios.

Es entonces cuando se hace necesario presentar nuestros cuerpos en sacrificio vivo, santo y agradable a Dios. Él nos revela su santa voluntad, y nuestras actitudes cambiarán al comprobar que lo que Él desea es siempre lo mejor para nosotros. Además, debemos recordar que el camino del poder y de la santificación es un proceso al que debemos someternos cada día, a fin de no debilitarnos en la fe.

Recordemos siempre el consejo del Maestro de maestros en Mateo 11:28-30. Si hay algo que no está funcionando bien en usted es posible que necesite una renovación del Espíritu de su entendimiento, y esto implica que tiene que regresar a la escuela del Maestro para aprender más de Él y corregir lo que está fallando.

El apóstol Pedro aconseja: «*Humillaos, pues, bajo la poderosa mano de Dios, para que él os exalte cuando fuere tiempo; echando toda vuestra ansiedad sobre él, porque él tiene cuidado de vosotros*» (1 Pedro 5:6-7).

UNA ACTITUD CORRECTA EMPODERA

Con frecuencia escucho comentarios nacidos de corazones que tienen una mala actitud, los cuales rezan más o menos así: «No sirvió el culto»; «no sé por qué no ponen a dirigir la alabanza a alguien más»; «se notaba que el predicador andaba en la pura carne». Sin embargo, otros, saliendo gozosos del mismo culto opinan todo lo contrario: «¡Ya me hacía falta un servicio tan poderoso con este!»; «¡qué alabanza!»; «¡qué predicación tan inspirada!»; «el Señor habló en mi corazón». ¿Cómo puede ser posible que, en un mismo servicio de adoración y predicación de un viernes por la noche, p. ej., unos se gocen y sean fortalecidos mientras que otros tengan una opinión negativa?

La mayoría llegan cansados después de una semana dura de trabajo; sin embargo, el grupo de personas que no reciben nada tienen diferentes actitudes que los que se gozan y se fortalecen. Estos últimos son aquellos que tienen hambre y sed de Dios, y anhelan llenarse de Él, mientras que los otros asisten sin ningún propósito (Mateo 5:6).

LA ACTITUD CORRECTA ES UNA ACTITUD DE FE

La fe es más que un sentimiento, es una decisión personal. En la Biblia no encontramos una definición más poderosa de la palabra *fe* sino en Hebreos 11:1; ahí, el escritor nos presenta también un resumen de los hombres y mujeres que pusieron en alto los propósitos de Dios al actuar en fe.

Dios nos creó para vivir por fe; pero siendo que la fe es una decisión, el ser humano puede decidir si vivir por fe o no. Todo hombre y mujer fue creado por Dios con la capacidad de decidir; todos tenemos un libre albedrío. Sin embargo, lamentablemente, el mal uso de esa capacidad nos lleva a la separación de Dios, es decir, a la muerte espiritual. Por otro lado, cuando un ser humano se arrepiente y cree en Jesucristo, vuelve en amistad con Dios (Job 22:21), es declarado justo delante de Él (Romanos 5:12) y recupera su capacidad para tomar buenas decisiones. Luego, si continúa en fe, su vida seguirá siendo una vida de victoria.

¿Qué es realmente lo que nos mueve a hacer lo que hacemos?

Nuestros motivos son muy importantes y Dios, quien conoce los corazones, sabe qué es lo que realmente nos motiva a hacer lo que hacemos. Si lo hacemos por amor a Él o si es por amor a nosotros mismos. Si lo hacemos creyendo en Él (por fe) o si más bien, depositamos nuestra confianza en nuestras habilidades personales.

Hay ocasiones que estamos agotados física y espiritualmente; y entonces, en lugar de descansar en el Señor, acudimos a excusas para no servirle, excusas tales como: «Hoy no estoy de humor para asistir al servicio de la iglesia», o «no me siento con ánimo para orar o para estudiar la palabra de Dios». No obstante, esta falta de diligencia o pereza espiritual, nos llevará a una creciente falta de fe. Jesús dijo: «*Por vuestra poca fe; porque de cierto os digo, que si tuviereis fe como un grano de mostaza, diréis a este monte: Pásate de aquí allá, y se pasará; y nada os será imposible*» (Mateo 17:20).

La fe es esencial en nuestra vida cristiana. Mediante ella, todo cristiano es capaz de hacer cosas virtualmente imposibles, y si por ella somos capaces de mover montañas, también por ella podremos mover nuestro estado de ánimo y buscar en Dios, en su presencia, la fortaleza espiritual que nuestra alma necesita.

La falta de fe produce cansancio y desánimo

El cansancio físico se puede eliminar con el descanso y quizá con unas buenas vacaciones, pero el cansancio del alma y del espíritu no se elimina con la inactividad, al contrario, si detenemos nuestra lucha, nos debilitaremos; y si pensamos que podremos luchar en nuestras fuerzas, de seguro fracasaremos; por tanto, podremos vivir en victoria sólo si mantenemos una actitud de fe constante. Por cierto, juntarnos con personas que tienen una fe fuerte en Dios, nos ayudará también a mantener nuestra propia fe personal.

La idea central es esta: permanezca en fe. La Biblia dice: «*Si permanecéis en mí, y mis palabras permanecen en vosotros, pedid todo lo que queréis, y os será hecho*» (Juan 15:7).

Permanecer en fe es permanecer en Cristo; es permanecer en el poder de Dios, y si nos mantenemos obedeciendo la Palabra —nos dice Cristo— podemos pedir por cada una de nuestras necesidades y Él nos las dará. La fe es una actitud positiva y poderosa que nos capacita para lograr cosas extraordinarias que no podemos realizar con nuestras propias fuerzas. Permanecer en fe, es permanecer en el amor y en el gozo del Señor (Juan 15:5).

CAPÍTULO 13

EL PODER
DE LA VERDAD

«Dijo entonces Jesús a los judíos que habían creído en él: Si vosotros permaneciereis en mi palabra, seréis verdaderamente mis discípulos; y conoceréis la verdad, y la verdad os hará libres» (Juan 8:31-32).

Antes que todo, es importante tener un concepto claro y exacto de lo que la palabra *verdad* significa. Veamos entonces *El pequeño diccionario de sinónimos y antónimos Larousse*, el cual define el término verdad de la siguiente manera:

⇒ Realidad, exactitud, verás; lo contrario a la falsedad o a la apariencia.

⇒ Autenticidad, sinceridad, veracidad que tranquiliza.

También la Real Academia de la Lengua Española define esta palabra de la siguiente manera:

⇒ Juicio o proposición que no se puede negar racionalmente.

También la verdad está íntimamente definida por lo real, lo cierto, lo auténtico, lo verídico, lo fidedigno, lo exacto, lo indiscutible, lo positivo, lo sincero y lo franco. Cuando aplicamos todo este conocimiento de lo que la palabra *verdad* significa a nuestra vida cristiana, estaremos en la línea de partida en dirección al poder espiritual; el cual se produce mediante la verdad de la palabra de Dios (Filipenses 4:8-9).

El diccionario bíblico conciso Holman define la palabra *verdad* como aquello que es de fiar y que es confiable, un hecho real en oposición a lo que es apariencia, fingimiento o afirmación falsa (lea Zacarías 8:16; Marcos 5:32-33).

Lo que dice la Biblia respecto a la verdad, el concepto bíblico respecto a la palabra *verdad* es: la verdad de Dios, su fidelidad. También, la verdad es confiabilidad, es decir, la fidelidad de Dios es la base de toda la verdad: Él es el modelo a seguir (lea Deuteronomio 7:9-10; 32:4).

La verdad de Dios es eterna

El ser humano tiende a cambiar con facilidad; cambia movido por las circunstancias que le rodean; cambia, porque hace uso de la libertad que tiene para tomar decisiones, y su corazón es atraído por aquello que piensa que le es más favorable. Sin embargo, Dios es fiel a su Palabra, cualesquiera que sean nuestras decisiones (Salmo 146:6).

Permanecer en la verdad de Dios nos da seguridad (Salmo 146:7-10). Por tanto, podemos contar con la protección de Dios cuando depositamos nuestra confianza totalmente en su Palabra. Confiar en el Señor es lo mejor que podemos hacer para encontrar la seguridad y protección de lo alto. En la última cita bíblica que acabo de utilizar como referencia existen al menos ocho declaraciones de la fidelidad de Dios. Ahí encontramos tan solo unas pocas promesas de las muchas que están contenidas en la Biblia. Ahora bien, en caso de que en este momento no tenga una Biblia a la mano, permítame enumerar estas promesas de las que estoy hablando (Salmo 146:7-10):

⇒ Dios hace justicia a los agraviados.
⇒ Él da pan a los hambrientos.
⇒ Él da libertad a los cautivos.

⇒ Él da vista a los ciegos.
⇒ Él levanta a los caídos.
⇒ Él ama a los justos.
⇒ Él guarda a los extranjeros.
⇒ Al huérfano y a la viuda sostiene.

En conclusión, en este pasaje Dios dice que Él transforma el camino de los impíos (malos) que amenazan a los hijos de Dios, porque Él reina para siempre.

El concepto del mundo respecto a la verdad

Un guionista de Hollywood hizo la siguiente declaración: «La verdad es una mentira que aún no ha sido descubierta». Es lamentable que personas brillantes, aquellas que poseen de un alto coeficiente intelectual, tengan un concepto tan bajo de la palabra *verdad*; y lo peor es que cuando ellos mismos descubran que esa supuesta mentira (la que en realidad era y es la pura verdad), entonces será demasiado tarde. La Biblia dice en Hebreos 9:27: «*Y de la manera que está establecido para los hombres que mueran una sola vez, y después de esto el juicio*».

La filosofía es aquello que ocupa al hombre en la búsqueda de la verdad. Por siglos y hasta milenios, el hombre ha tratado de dilucidar aquello que es y envuelve la verdad. Así, cada uno de los grandes filósofos puede tener su «propia verdad». Por tanto, el concepto de verdad que deambula por el mundo es sumamente ambiguo: puede haber quizá miles de definiciones de la palabra verdad, y un número indeterminado de conceptos que se derivan de estas definiciones. Sus mutaciones pueden obedecer a las culturas y subculturas, a las edades y a ciertas circunstancias históricas.

Sin embargo, sabemos que la verdad de Dios no es una de entre muchas; un concepto más dentro del mar de «verdades» que pudieran existir en el mundo. Jesucristo no vino a mostrar «su verdad», o su concepto de *verdad*, sino que Él mismo es la verdad (Juan 14:6); la Palabra de Dios es la verdad, y ningún otro conjunto de ideas racionales puede ni podrá competir con ella.

La verdad de Dios no está oculta para nadie

Los que se niegan a reconocer a Dios no sólo cierran sus ojos ante la verdad sino también la califican como una mentira no descubierta; sin embargo, Cristo sigue diciendo: «*Yo soy el camino, y la verdad, y la vida; nadie viene al Padre, sino por mí*» (Juan 14:6).

Aunque el mundo se niegue a aceptarla, la Verdad, la cual es Cristo, sigue brillando por los siglos de los siglos. El mundo podrá creer que negando la Verdad se exime de su responsabilidad; sin embargo, precisamente esta actitud lo responsabiliza aún más, porque en el día del juicio no tendrá ninguna excusa ante Dios.

El mundo materialista prefiere decir: «Gracias a la madre naturaleza que nos da esto o nos da aquello…», pero jamás dice: «Gracias a nuestro Padre Dios, quien nos ha dado este mundo natural en que vivimos; gracias al Todopoderoso por las montañas, los ríos, los lagos, los mares…». El hombre ingrato, aun siendo bendecido con tantas riquezas, se resiste a agradecer a Dios por todo lo que ha recibido. No obstante, siendo que Dios es bueno y generoso, sigue haciendo salir su sol cada mañana para ellos, y por las noches hace que el cielo sea bellamente iluminado con luna y estrellas.

El hombre incrédulo no logra reconocer que las misericordias de Dios son nuevas cada mañana (Lamentaciones 3:22-23); y siendo que no es agradecido con el Señor, éste cada día camina hacia su propia destrucción. Cuando el hombre se niega a dar la gloria a Dios y prefiere el término «madre naturaleza», demuestra que no tiene respeto hacia el Creador. Y eso no es todo, sino que, siendo malagradecido, también se dedica a destruir cada día el orden establecido por Dios y a contaminar el planeta. Prueba de ello es que hoy nuestra Tierra está químicamente bastante contaminada, y la fauna y la flora continúan siendo destruidas indiscriminadamente.

¿Acaso podrán argumentar que el calentamiento global también es una mentira sin comprobar? O ¿se podrá negar que mientras muchos mueren de hambre, los gobiernos gastan billones de dólares en nuevas armas nucleares?

La verdad debe ser compartida

Hace ya casi 2000 años un hombre que había vivido en la mentira se convirtió a la verdad de Dios. Y este, luego de esa conversión —con mucha pasión y valentía—, se dedicó el resto de su vida a compartir esta verdad con todo el mundo. Su nombre aparece en el relato de Lucas en Hechos como Saulo de Tarso, pero luego se le llamó Pablo; él fue llamado también, El apóstol de los gentiles.

Todo cambió en la vida de Pablo cuando él tuvo una tremenda experiencia con Dios. Creo que todos estamos de acuerdo en que podemos dudar de un cuento o relato que no tiene bases históricas reales; sin embargo, si usted o yo tenemos una experiencia, algo vivido en carne propia, nadie nos puede decir que es mentira aquello que hemos vivido. Esto fue lo que sucedió con este fariseo de fariseos de la tribu de Benjamín llamado Saulo de Tarso, tal como es relatado por él mismo cuando comparte su testimonio (Hechos. 9:1-19; 26:12-18).

Cuando Pablo tuvo un encuentro personal con el Señor, se rindió totalmente a Él, e inmediatamente se dedicó a proclamar el evangelio. Él tuvo un encuentro con la verdad, con Cristo Jesús mismo, la verdad encarnada. Saulo (después Pablo), nació de nuevo; y le fue revelado que ese Ser humano que había vivido unos cuantos años antes de su conversión, era Dios hecho carne, el Hijo de Dios, la Verdad misma que se había dado a conocer al mundo. Saulo creyó verdaderamente en Cristo Jesús, y al creer en la Verdad, la Verdad lo hizo libre.

Él supo que esa Verdad es la que libera a todo ser humano de toda la atadura demoniaca, de toda la opresión del diablo; supo que todo aquel que cree en el Hijo de Dios recibe la vida eterna. Pablo recibió poder del cielo para hacer el trabajo de proclamación del evangelio, y lo hizo hasta el último día que vivió en este mundo.

La libertad es una de las más grandes bendiciones

Jesús garantizó libertad a todos aquellos que creyeran en Él. Cuando el ser humano toma la decisión de creer en Jesús, y convertirle en el Señor y Salvador de su alma, comienza el proceso de liberación en su vida.

El primer paso es creer en Jesús

Esto significa creer que Jesús es el único medio de salvación (Hechos 4:12). Este es un paso de fe, y aunque inicialmente el creyente tenga poco o nulo conocimiento de lo que esta fe significa, es lo que Dios toma en cuenta para salvarle (Romanos 5:1-2).

La fe, ejercida en la verdad de Cristo, es lo que nos vuelve en amistad con Dios y nos abre la puerta a la libertad y al poder espiritual. El conocimiento de la verdad va penetrando en nuestra vida a medida que desarrollamos una relación personal con Cristo, y cada experiencia que vivimos en nuestro caminar con Él (en esta maravillosa Verdad), aumenta nuestro conocimiento y poder espiritual personal.

El segundo paso es permanecer en su Palabra

La permanencia en Cristo va produciendo una cada vez mayor experiencia, y ésta nos lleva a tener más seguridad, una mayor conciencia, un mayor poder y una más alta convicción en Cristo Jesús (Hebreos 11:1). La convicción es mucho más que una simple información, más que el conocimiento humano que las universidades otorgan.

Hay muchas personas que invierten mucho tiempo y energía, y aún gastan mucho dinero, para obtener un título académico; pero luego terminan dedicándose a otras cosas, y esto se puede deber a que no están convencidos o cómodos con lo que saben o pueden hacer, pero cuando hay convicción también existe la fortaleza para seguir haciendo aquello para lo cual han sido llamados.

Un cristiano con convicciones firmes jamás cambiará la verdad de la Palabra por nada, porque la palabra de Dios es su luz (Salmo 119:105). La palabra es su pan de cada día, el alimento con el que sustenta su alma. Juan 6:35 dice: «*Yo soy el pan de vida; el que a mí viene, nunca tendrá hambre; y el que en mí cree, no tendrá sed jamás*».

La convicción es tan poderosa que nos capacita para vivir fieles a la verdad: para vivir y para morir por la causa de Cristo. Todo cristiano debe estar lleno de una verdadera y poderosa convicción: sabe lo que cree, y quien es Aquel en quien ha creído (2 Timoteo 1:12).

<u>El tercer paso es llenarse del conocimiento de la verdad</u>

Recordemos que cuando tomamos la decisión de recibir a Cristo en nuestro corazón y creer en Él (o creer a la Verdad) es bien poco el conocimiento que tenemos sobre esta gran verdad de Dios. La creemos, permanecemos en ella, y esto nos trae convicción. Luego la convicción nos lleva a un tercer paso: la obtención de conocimiento.

Todo este proceso es obra del Espíritu Santo, quien nos guía hacia el arrepentimiento, nos consuela y nos fortalece para permanecer firmes en la verdad; pero lo más grandioso es que Él es quién nos enseña todo los que tenemos que saber respecto a Dios (Juan 15:23-26).

Hagamos nuestra parte escudriñando las Escrituras. La Biblia dice: «*Escudriñad las Escrituras; porque a vosotros os parece que en ellas tenéis la vida eterna; y ellas son las que dan testimonio de mí*» (Juan 5:39).

Cuando amamos algo o a alguien es razonable que necesitamos saber y entender todo respecto a esta cosa o aquella persona. Si amamos a Cristo siempre estaremos interesados en saber más de Él; y aunque esta no es una tarea fácil, nunca estaremos solos en este esfuerzo, ya que el Espíritu Santo siempre estará con nosotros para inspirarnos, fortalecernos y para revelarnos la voluntad de Dios en nuestra vida.

Tan sólo esforcémonos, seamos valientes, renunciemos a todo temor y desánimo, y confiemos que el Señor cumplirá lo que ha prometido: estar con nosotros hasta el fin (Josué 1:7-9).

Recuerde también que la verdad de Dios es fiel y poderosa, creámosla, amémosla permanezcamos fieles a ella y obedezcamos sus ordenanzas. No nos apartemos ni a la derecha ni a la izquierda, llenémonos de ella y vivamos en ella, porque ninguna otra verdad nos ofrece tantas bendiciones y una libertad completa en nuestra vida cristiana.

CAPÍTULO 14

EL PODER
DE LA UNIDAD

«La gloria que me diste, yo les he dado, para que sean uno, así como nosotros somos uno. Yo en ellos, y tú en mí, para que sean perfectos en unidad, para que el mundo conozca que tú me enviaste, y que los has amado a ellos como también a mí me has amado. Padre, aquellos que me has dado, quiero que donde yo estoy, también ellos estén conmigo, para que vean mi gloria que me has dado; porque me has amado desde antes de la fundación del mundo» (Juan 17:22-24).

Cuando analizamos la oración de Jesús antes de su ascensión al seno del Padre descubrimos el poder maravilloso de la unidad. La unidad es un estado glorioso, capaz de producir y perpetuar el poder de Dios en todos aquellos que son escogidos por Él para manifestar su gloria (v.22).

El concepto de *gloria* es tan amplio que nos puede parecer difícil entenderlo en su totalidad; el diccionario Larousse de sinónimos y antónimos define la palabra *gloria* de la siguiente manera: beatitud, bienaventuranza, paraíso, Edén, salvación, fama, reputación, celebridad, popularidad, honor, reconocimiento, triunfo, éxito, esplendor, majestad, magnificencia, grandeza, deleite, placer, gusto, satisfacción, delicia, felicidad, dicha y otras palabras más.

Jamás el ser humano podrá poseer esta gloria por sí mismo, y no podrá vivir en ella a menos de que le sea dada por Cristo (v.22).

El ejemplo insuperable

El máximo ejemplo de unidad está en la unidad que existe entre el Padre y el Hijo. Luego la unidad entre los hermanos mediante la obra redentora de Cristo Jesús, y esta unidad es la gloria que hemos recibido de Él.

El Señor no sólo derramó su sangre preciosa por nosotros, sino que Él también derramó su *gloria* sobre nosotros. Él jamás pensó ascender al cielo y dejarnos huérfanos e indefensos, más bien, Él prometió enviarnos el poder, la dirección, y la revelación de su gloria mediante el envío del Espíritu Santo. Sólo así podríamos llevar adelante la Gran Comisión, la predicación del Evangelio hasta lo último de la tierra.

La unidad es producto del don de Dios

Ese fue el propósito de Cristo al darnos su gloria: que disfrutemos de la unidad como Él la había disfrutado, es decir, la unidad con su Padre. De esa manera, Él ora que los hermanos, los que crean en Él, sean uno también. Siendo que cada ser humano es distinto, esta unidad es un verdadero milagro, y muestra que la gloria de Cristo está en nosotros, y esta unidad es el poder del cristiano.

Si usted nota, esta es la oración más larga jamás registrada del Señor Jesucristo en toda la Biblia. ¿Por qué? Porque se trata de algo trascendental y medular, pues ahí precisamente radica el poder de la Iglesia del Señor, en su unidad. Si estamos unidos tenemos poder de Dios, pero si no, el diablo hará de las suyas con el rebaño.

Al meditarlo bien, la unidad no puede lograrse tan solo mediante alianzas humanas como el mundo lo hace. El mundo establece alianzas porque persigue un bien común; algún beneficio mutuo, y esta unidad tan solo tiene ese propósito. Pero la unidad de la Iglesia es algo mucho más especial, pues es un don de Dios.

Cuando recibimos a Cristo como nuestro Señor y Salvador, Él nos da de su gloria, y el poder y la sabiduría para alcanzar la perfecta unidad. Jesús oró a Dios que sus discípulos fueran en Él, y Él en ellos, y Él en el Padre («*yo en ellos, y tú en mí*»), para que fueran perfectos en unidad (v.23).

La perfecta unidad y el amor del Padre

Ese fue el principal propósito de Cristo al darnos su gloria, «*para que el mundo conozca que tú me enviaste*». La unidad cristiana debe manifestar el carácter de Cristo, su amor, su poder, su santidad, su eternidad; qué maravilloso es que el mundo conozca a Cristo y al Padre celestial tan sólo al ver la unidad que existe entre nosotros (semejante a la unidad del Hijo con el Padre). Y así como Dios el padre envió a su Hijo a buscar y a salvar lo que se había perdido, también nosotros hemos sido enviados por Cristo para predicar su santo Evangelio.

Al estar unidos no sólo somos un testimonio para el mundo, sino también disfrutamos del amor incomparable del Padre celestial, un amor que se equipara como el amor que Él tiene por su propio hijo Jesús (v.23).

Por tal razón, no sólo debemos honrar a Dios manteniendo la unidad entre nosotros, sino también debemos sentirnos muy honrados por Dios por su inmenso amor, el cual nos ha mostrado a pesar de nuestra naturaleza pecaminosa. Dios nos ama como ama a su Hijo unigénito: como al Santo y perfecto Rey de reyes y Señor de señores, por causa de la sangre de su cruz (Colosenses 1:20).

La unidad tiene como propósito alcanzar al mundo

Más que un mandato divino, la unidad también es el anhelo de nuestro Señor Jesucristo; Él lo expresa así en Juan 17:24. Ahí, Jesús se dirige a Dios el Padre diciendo: «*Padre, aquellos que me has dado, quiero que donde yo estoy, también ellos estén conmigo, para que vean mi gloria que me has dado; porque me has amado desde antes de la fundación del mundo»*. En esa oración de Jesús estamos incluidos usted y yo.

En el momento en que Jesús terminó su obra redentora, comenzó el trabajo de los discípulos que tuvo en aquel tiempo, una obra que estaría presente en sus mentes y corazones. Y esta obra no sería tan sólo de aquellos pocos, sino también de todos los millones que seríamos alcanzados por la palabra de ellos (Juan 17:20).

El Señor sabía que no sería una tarea fácil, por tal razón, Él los encomienda a Dios para que fueran guardados de todo mal. El Señor sabía que los suyos serían perseguidos, rechazados, encarcelados y hasta torturados por causa del cumplimiento de esta gran tarea de dar a conocer su nombre por todo el mundo.

Aquellos primeros discípulos tuvieron la dicha de caminar con Él en persona, escuchar sus enseñanzas, presenciar sus milagros; aquellos pocos vieron parte de su gloria; sin embargo, ellos sólo vieron lo que su naturaleza humana les permitió ver, y aun así, hubo uno llamado Tomás a quien le fue difícil creer lo que el resto de los apóstoles le contaron respecto a la resurrección de Cristo (lea Juan 20:24-29). Tomás sólo había visto a Jesús en su ministerio y en su sufrimiento, pero su incredulidad le había impedido ver la gloria del Cristo resucitado.

Una de las formas en que definimos la palabra *gloria* al principio de este capítulo está relacionada con la bienaventuranza; y esa misma palabra fue la que Jesús usó para definir a los creyentes que no vieron y creyeron (Juan 20:29).

Nosotros formamos parte de los millones que no tuvimos la experiencia de conocer a Jesús en persona, pero nuestra fe nos ha dado la dicha de conocerlo y caminar con Él en el espíritu. No obstante, el Señor rogó al Padre para que estemos con Él en el lugar de honor que Él ocupa a la diestra de Dios, a fin de que veamos su gloria y sigamos gozando en ella por la eternidad.

La unidad está en Cristo Jesús

El lugar de reunión es el sitio en donde la comunidad cristiana puede conversar y fortalecerse en la unidad. Cada iglesia o grupo de cristianos tiene algún lugar de reunión donde puede adorar y presenciar la gloria de Dios; sin embargo, eso no quiere decir que no podamos disfrutar la presencia de Dios en otros lugares como nuestro hogar, con nuestra familia, en el campo, en la ciudad o en el lugar de nuestro trabajo; el Señor ha prometido estar con nosotros todos los días en cualquier parte del mundo y dondequiera que nos encontremos.

La unidad es una tarea de todos. Partiendo de la unidad de Cristo con el Padre, la unidad cristiana fue practicada y enseñada por los primeros discípulos, y ahora somos nosotros, los cristianos que fuimos después de ellos, los responsables de mantenernos unidos. Unidos en fe, en amor los unos con otros, y desde luego, unidos todos a Cristo Jesús; pues el Señor nos enseñó que separados de Él no podemos hacer nada, y sin Él la unidad espiritual entre nosotros es totalmente imposible (Juan 15:5).

Una rama que se corta del árbol se seca porque pierde contacto con aquello que la sustenta; aquello que le transmite la savia que le mantiene viva. De igual manera sucede con el cristiano cuando se separa de Cristo, su vida se marchita, se seca y muere. Puede hacer cualquier cosa, pero lo que haga no honrará a Cristo; puede pertenecer a una congregación cristiana pero no estar unido a Cristo. Hay ocasiones en que no estamos de acuerdo con los líderes de la iglesia y eso afecta la preciosa unidad que Cristo desea ver en nosotros.

La unidad comienza dentro de usted mismo

Dios nos creó como una unidad compuesta cuando dijo: «*Hagamos al hombre a nuestra imagen, conforme a nuestra semejanza...*» (vea Génesis 1:26).

Teológicamente sabemos que Dios es espíritu y que no posee un cuerpo de ninguna forma, entonces ¿en qué consiste la imagen de Dios en el hombre? La imagen de Dios en el hombre se trata de nuestros sentimientos, inteligencia y voluntad, estos tres componentes forman nuestra unidad como personas, y es a lo que se refiere el versículo.

Otra evidencia de que somos una unidad perfecta es que Dios nos creó con un cuerpo, un alma y un espíritu. Algunos teólogos definen esta unidad compuesta de la siguiente manera: mente, cuerpo y alma; de cualquier manera, somos la imagen de Dios.

Otro ejemplo es lo que dice la ciencia médica. Ellos dicen que el cuerpo está compuesto de tres partes principales: la cabeza, el tronco y las extremidades; una vez más, la unidad es esencial para la vida, pues si se divide, el cuerpo moriría de inmediato.

No destruya su propia unidad

Usted y yo somos lo más precioso de toda la creación de Dios, pues Él depositó en nosotros algo de Él mismo para que lo honremos. Nos dio una inteligencia para entender algo de Él; nos dio unos sentimientos para amarlo; y una voluntad para decidir aceptarlo o rechazarlo. A pesar de toda esa capacidad, para la mayoría de nosotros es difícil mantener nuestra propia unidad personal.

En primer lugar, en muchas ocasiones la inteligencia difiere con los sentimientos y la voluntad. En segundo lugar, los sentimientos se oponen a la inteligencia y nos es difícil controlar las emociones. En tercer lugar, puesto que la voluntad se opone a la inteligencia, tomamos decisiones irracionales; decisiones que causan grandes sufrimientos y conflictos internos; y algunas veces pueden ser tan graves, que pueden inducir aún al suicidio.

Todos pasamos por etapas de frustración en las que no sabemos qué hacer. Si en este momento usted está pasando por tal situación, recuerde que para todo hay una solución inteligente que tomar; consulte el manual del Creador, la palabra de Dios; ahí el Señor dice: «*No se turbe vuestro corazón; creéis en Dios, creed también en mí*» (Juan 14:1).

Los judíos tenían un gran conflicto en su corazón: creían en Dios, pero muchos dudaban de que tuviera un Hijo, por ello, aceptaban a Dios, pero rechazaban a Cristo, y ante esta idea errónea Jesús les dijo terminantemente: «*Yo soy el camino, y la verdad, y la vida; nadie viene al Padre sino por mí*» (Juan 14:6).

Es difícil mantener la estabilidad direccional de un vehículo desalineado; cuando eso sucede la única solución es llevarlo al taller mecánico, y ahí se nos dirá los ajustes que es necesario hacer para que el vehículo camine con estabilidad y rectitud. De igual manera funciona en relación con la unidad en el evangelio del reino de Dios, solo nuestro Creador puede repararnos para que caminemos de forma segura en sus caminos.

El apóstol Pablo vivió esa experiencia religiosa cuando aún llevaba el nombre de Saulo de Tarso. Él se encontró con Cristo camino a Damasco, cuando iba pensando en perseguir a los creyentes en Cristo. Al encontrarse con el Maestro, su vida cambió radicalmente: antes Él estuvo dividido en sí mismo, presumía que amaba a Dios, pero odiaba a Cristo y a sus seguidores. Dios vio el mal funcionamiento de su vida e hizo en él las reparaciones que eran necesario hacer en él.

Luego, cuando Pablo se convirtió en apóstol, él sabía que lo único que podía alinear a una persona y poner todo a funcionar correctamente, era Dios. Así, cuando él vio la necesidad de la iglesia de Tesalónica, aconsejó a los hermanos a reconocer que necesitaban hacer algunos ajustes espirituales en sus vidas (1 Tesalonicenses 5:12-23).

No obstante, el mismo Pablo sabía que esa transformación era algo que solamente Dios podía realizar, por ello, al final de este pasaje (v.23, 24), dice: «*Y el mismo Dios de paz os santifique por completo; y todo vuestro ser, espíritu, alma y cuerpo, sea guardado irreprensible para la venida de nuestro Señor Jesucristo. Fiel es el que os llama, el cual también lo hará*».

CAPÍTULO 15

LA RAZÓN DEL
PODER ESPIRITUAL

«Porque no nos ha dado Dios espíritu de cobardía, sino de poder, de amor y de dominio propio» (2 Timoteo 1:7).

Cuando recibimos a Cristo en nuestro corazón somos adoptados como hijos de Dios, y como consecuencia, adquirimos el carácter de nuestro Padre; un carácter de poder, como lo declara Pablo en 2 Timoteo 1:7. Dios, al sellarnos con su Espíritu, nos inyecta también su carácter de santidad, de amor, de fe y de poder, porque ahora su Espíritu mora en nosotros (Romanos 8:15).

Es admirable el plan creativo y redentor de Dios desde el principio. Cuando Dios creó al primer ser humano lo creó a su imagen, conforme a su semejanza, es decir, con inteligencia, sentimientos y voluntad (Génesis 2:26, 27), Dios quería adoptarnos como sus hijos.

Sin embargo, luego de la caída, la humanidad perdió su comunión con Dios. Es por ello que vino Cristo, para restaurar esa relación, de manera que el ser humano fuera adoptado: la adopción significa restauración. Lo que sucede cuando somos adoptados como hijos de Dios es que somos restaurados al estado original en el que fuimos creados, y ahora podemos ser portadores del carácter divino.

LAS REGLAS FORMAN EL CARÁCTER

Las agencias gubernamentales que administran los programas de adopción tienen sus reglas; no cualquiera puede adoptar un niño huérfano, si no tan sólo aquel que llena los requisitos. La mayoría de los países siempre requerirán lo siguiente:

⇒ Buena conducta
⇒ Estabilidad emocional
⇒ Una buena razón para adoptar
⇒ Solvencia económica
⇒ Una edad límite para la pareja (en su caso, para la persona el padre o madre soltero/a).
⇒ La salud de los padres adoptivos deberá ser buena (aunque quizá no excelente).
⇒ También es importante que los padres adoptivos conozcan la historia del niño que han elegido para adoptar, a fin de saber cómo tratarlo (si es que cumplen con los requisitos para adoptarlo).

Todo este proceso toma normalmente mucho tiempo y se necesita hacer entrega de muchos documentos de comprobación; todo ello para asegurar que el adoptado tenga las condiciones adecuadas de seguridad y bienestar.

Dios, como nuestro padre adoptivo, llena todos los requisitos, pues Él nos conoce desde antes de nacer. Él sabe todo de nosotros: quiénes somos, quienes fueron nuestros padres; Él no sólo sabe nuestros nombres y dónde vivimos, sino también sabe lo que pensamos y cómo es que actuamos, porque Él nos creó a su imagen y semejanza. Dios sabe lo que cada uno de nosotros necesita y Él tiene todos los recursos para satisfacer cada una de esas necesidades.

Dios es el padre adoptivo perfecto que usted y yo necesitamos porque con Él siempre estaremos seguros, Él nos ofrece una vida de gozo, de seguridad y de poder.

Los adoptados deben seguir las reglas de su nueva familia

Las reglas aseguran el bienestar de la familia. En una familia donde no hay reglas todo es un desorden. En un lugar en donde nadie acepta sus responsabilidades y cada quien hace lo que quiere y no hay respeto de los unos para con los otros, eventualmente se convertirá en un lugar de sufrimiento. Dios, como nuestro Padre, también ha establecido las reglas que regulan nuestra conducta como miembros de la familia de Dios.

Lo primero que Dios nos ordena es amarlo a Él sobre todas las cosas (Mateo 22:37-39), este es el primero y más grande mandamiento; y el segundo es semejante: amar al prójimo como a uno mismo. Estos dos mandamientos son el resumen de los diez que se encuentran en Éxodo 20:1-7. El Hijo de Dios, el Señor Jesucristo, resumió las reglas de nuestro Padre adoptivo en estas dos; y también dijo: «*Llevad mi yugo sobre vosotros, y aprended de mí, que soy manso y humilde de corazón; y hallaréis descanso para vuestras almas*» (Mateo 11:29).

Qué bendición tener un Hermano Mayor de quien podemos aprender todo lo necesario para vivir con gozo y seguridad como parte de la familia de Dios. Cristo es nuestro máximo ejemplo a seguir, porque, aunque fue tentado en todo, jamás cometió ningún pecado, ni faltó a ninguna de las reglas establecidas por el Padre Celestial (Hebreos 4:15).

Esa fidelidad de Cristo hacia su Padre Celestial está a nuestra disposición si aprenderemos su mansedumbre y su humildad. Este aprendizaje no sólo nos asegura el descanso del alma, sino también nos da el poder para vencer cualquier tentación, tal y como lo hizo el unigénito Hijo de Dios.

La adopción demanda adaptación

Esa fue la experiencia que viví en mi niñez. Solo tenía unos ocho o nueve años de edad cuando mi padre biológico murió; quede huérfano de padre, y a mi madre, quien era una mujer muy joven, de 35 años, muy bonita y cristiana —ahora viuda—, no le faltó quien quisiera casarse con ella, y esto a pesar de tener cuatro hijos varones (dos mayores que yo y uno menor). Así pues, después de algún tiempo, mi madre decidió rehacer su vida, casándose de nuevo con un buen hombre que estaba dispuesto a adoptarnos como sus hijos; sin embargo, mis tres hermanos se negaron a ser adoptados, es decir, no aceptaron al nuevo esposo de mi madre, quien ahora fungiría como nuestro nuevo padre. Ellos prefirieron quedarse a vivir con nuestra abuela paterna antes que aceptar las nuevas reglas del padre adoptivo.

La adopción espiritual es un acto voluntario

Así como mis hermanos rechazaron la buena voluntad del nuevo esposo de mi madre, también los huérfanos y desamparados, aquellos que están hoy sin ninguna protección, también rechazan la buena voluntad de Dios para adoptarnos como sus hijos. Ellos rechazan la adopción de Dios, quien desea cuidarlos y protegerlos, darles seguridad, y hacerles los herederos de sus riquezas y de su poder.

La situación actual es que mi madre murió en el 2010 y mi padre adoptivo me nombró como uno de sus herederos, compartiendo por partes iguales con mis tres medias hermanas (las cuales le nacieron en su matrimonio con mi madre), y con otro hijo varón —a quien adoptaron—, menor que mis hermanas, éste último también recibió su herencia en la misma proporción que los demás. Ahora bien, si mi padre adoptivo terrenal fue justo con nosotros, cuánto más nuestro Padre Dios cumplirá sus promesas, aunque no las merezcamos.

Los que rechazan la paternidad de Dios no tienen derecho a nada, porque Dios honra a los que le honran. Eso fue lo que sucedió con mis hermanos, los hijos de mi madre, quienes, por no aceptar ser adoptados por el esposo de mi madre, no heredaron nada.

Lo más importante de la adopción es nuestro nuevo estatus

Juan 1:11-13 dice: «*A lo suyo vino, y los suyos no le recibieron. Mas a todos los que le recibieron, a los que creen en su nombre, les dio potestad de ser hechos hijos de Dios; los cuales no son engendrados de sangre, ni de voluntad de carne, ni de voluntad de varón, sino de Dios*».

El plan de Dios para con sus hijos es más que una simple adopción; no sólo tenemos el poder de ser llamados hijos de Dios (por ser adoptados), sino también la Escritura declara que fuimos engendrados por la voluntad divina (Juan 1:13).

Nuestro Señor Jesucristo fue engendrado por obra del Espíritu Santo (Mateo 1:18-21), y por ello fue declarado Hijo de Dios (Lucas 1:35), pero también fue hijo de María, para convertirse en un ser humano —es por eso que Jesús es 100% divino y 100% humano—. Y nosotros, al tener unos padres terrenales (aunque no como Jesús, quien, en su humanidad, no tuvo un padre biológico), somos humanos; pero también, mediante el nuevo nacimiento, somos adoptados hijos de Dios (Juan 1:13). Jesús es el que nos da vida y también nos da su poder como hijos de Dios; ¡qué gran honor el que Dios nos concede, al no ser engendrados de sangre ni de voluntad de carne, ni de voluntad de varón, sino de Dios mismo! (Juan 1:13).

Nuestro estatus de poder no elimina el que tengamos que sufrir

Este mismo Jesús, siendo Dios y hombre, tuvo que padecer sufrimiento, pues esto era parte de la misión que el Padre le había encomendado (Juan 16:33). Asimismo, como Él sufrió, sus discípulos habríamos de sufrir, pero nos ordena que tengamos confianza, pues como Él fue vencedor, también nosotros seremos vencedores. Este mismo pensamiento está contenido en Romanos 8:14-26; ahí el apóstol Pablo retoma el tema de Jesús en Juan

1:13 y nos asegura que todo hijo de Dios no será inmune al sufrimiento, al dolor, al rechazo, al abandono, a la pobreza, a la pérdida de un ser querido, etc. Pablo utiliza ahí la palabra gemir. (vv. 22-23). Todos los seres humanos gemimos por alguna razón (como ya lo hemos enseñado), pero el gemir de los hijos de Dios es un gemir con esperanza.

La base de nuestra esperanza está fundada en las promesas de Dios. Romanos 8:18 nos dice que ningún sufrimiento hoy en día se puede comparar con la gloria que vendrá cuando las promesas de Dios sean cumplidas. Todo aquello que hoy nos hace gemir es poco comparado con lo que Dios tiene preparado para sus hijos; esa es la bendita esperanza que produce paz en nuestro corazón, aún en medio de nuestro gemir. Asimismo, sólo si vivimos en la esperanza que nos imparten las promesas de Dios, podremos trasmitir esperanza a todos lo que nos rodean (Romanos 8:19). Nosotros somos llamados a producir esperanza; recordemos que la tierra misma cayó bajo maldición a consecuencia del pecado, y nuestra restauración también traerá restauración a esta tierra (Romanos 8:20, 21).

Mantengamos viva la esperanza

Todas las esperanzas del mundo están puestas en la manifestación de nosotros, de los hijos de Dios. Ya que, por la misericordia de Dios manifestada en la persona de Cristo, cada cristiano ha sido redimido por la sangre de Jesús. Sin embargo, el plan redentor de Dios va más allá: Dios también quiere redimir nuestros cuerpos (Romanos 8:23).

Nuestros cuerpos son parte de esta naturaleza que gime por ser redimida de toda la maldición del pecado y de la muerte; pero cuando suene la final trompeta, y el Señor dé la orden de la redención de nuestros cuerpos, los muertos en Cristo resucitarán y los que estemos vivos seremos transformados, y así iremos a las nubes para encontrarnos con nuestro Redentor (1 Tesalonicenses 4:16-17). Será entonces que terminará nuestro gemir porque estaremos eternamente con Cristo y ya no habrá más llanto ni clamor ni dolor (Apocalipsis 21:4-7).

Si usted no ha recibido a Cristo en su corazón, le invito a que lo haga hoy mismo. El Señor ha estado esperando por usted. Invite a Cristo Jesús a entrar en su corazón, déjese adoptar por Dios el Padre y empezará a gozar del poder y del gozo que da Dios. Si usted ya es un cristiano, le recuerdo que no está solo, hay Alguien que gime con usted y por usted ante el Padre: el Espíritu Santo (Romanos 8:26). Ese bendito gemir del Espíritu Santo nos contacta con el poder que finalmente producirá la redención total de nuestro ser espíritu, alma y cuerpo.

Capítulo 16

PROTEJA SUS DERECHOS CON EL
PODER ESPIRITUAL

Permítame ilustrarlo de una forma práctica con las leyes de los Estados Unidos. Hace 26 años llené la solicitud para obtener mi primera licencia de conducir en el estado de California. Tuve que presentar dos exámenes, uno teórico y otro práctico. El teórico consistía en una serie de preguntas pasadas en las leyes del tráfico, y aunque había leído el manual, no pude aprobar este examen la primera vez. Recuerdo que una de las preguntas que respondí mal fue la siguiente: «Si usted está manejando en una avenida de tres carriles, ¿cuál de los tres es el más constante: el de la derecha, el de la izquierda, o el carril del centro?» La respuesta correcta era *El carril del centro* (¡pero esa no fue la que yo subraye!).

La razón por la que no respondí bien esta pregunta fue por no haber entendido la palabra *constante* (aplicada a las leyes de tráfico). Primero, porque estaba recién llegado a los Estados Unidos (y todavía tenía el trauma de los daños que la extrema izquierda había causado a mi país, El Salvador); tampoco marqué la opción del carril central porque mi falsa humildad no me permitió elegir el carril del centro, que era el correcto.

Así que escogí el carril de la derecha —el menos constante— y fallé la respuesta correcta. Quizá muchos digan «no me interesa su ilustración, porque no tengo carro y no tengo qué manejar». Es posible que usted no tenga ningún conocimiento de este tema; sin embargo, este ejemplo puede enseñarle a conducir su propia vida. Quizás como conductores de un automóvil no siempre tengamos que mantenernos en el carril central por mucho tiempo, pero como conductores de nuestra vida espiritual es mejor conducir por el carril central y no desviarnos ni a la derecha ni a la izquierda, porque es el más constante.

Cuando recibimos a Cristo como Señor y Salvador de nuestras vidas Él ocupa el centro de nuestra atención (Colosenses 3:12). Este versículo nos dice que pongamos nuestra atención o nuestra mirada en las cosas de arriba donde está Cristo sentado a la diestra de Dios.

Recordemos que la meta es llegar al cielo, donde está Cristo. No sabemos cuánto tiempo nos llevará este viaje, pero si nos mantenemos constantes, confiando y manteniéndonos en el centro de la voluntad de Dios, lo más seguro es que llegaremos, y Cristo nos esperará con los brazos abiertos para darnos la bienvenida.

El manual del automovilista también nos aconseja manejar siempre a la defensiva porque no sabemos lo que eventualmente harán los demás conductores que están alrededor de nosotros, por eso debemos estar muy alertas para evitar cualquier accidente.

En la autopista de nuestra vida cristiana sucede lo mismo; por eso el manual de Dios dice: «*Ten cuidado de ti mismo y de la doctrina; persiste en ello, pues haciendo esto, te salvarás a ti mismo y a los que te oyeren*» (1 Timoteo 4:16).

No basta tener cuidado de ti mismo

No sólo debes tener cuidado de ti mismo, también debes tener cuidado de los demás (Romanos 15:1-3). Hay ocasiones en que nos cuidamos tanto de hacer las cosas bien y no cometer errores que nos olvidamos de los demás que también están circulando por el mismo camino.

Siguiendo con el ejemplo del automovilista, no sólo debemos confiar en nuestras habilidades sino también tener en cuenta los errores de los menos diestros; hay ocasiones en que debemos renunciar a nuestros derechos con tal de evitar choques.

Por eso Pablo aconseja a los cristianos de Roma que los que somos fuertes debemos soportar las flaquezas de los débiles y no agradarnos a nosotros mismos, sino que cada uno agrade a su prójimo en lo que es bueno para edificación.

En muchas ocasiones el error de un conductor causa múltiples accidentes y muchos son dañados; de igual manera en la vida cristiana el error de uno débil causa mucho dolor a la iglesia de Cristo ya que, como dice la Escritura, somos un solo cuerpo y miembros los unos de los otros (Romanos 12:4-5).

Renunciar a nuestros derechos no significa renunciar al poder

El mejor ejemplo es Jesucristo mismo. De Él podemos citar muchos ejemplos, así que sólo mencionaré algunos:

- Siendo rico se hizo pobre para que nosotros, con su pobreza fuésemos enriquecidos (2 Corintios 8:9).
- Siendo santo y perfecto en todo, murió como el peor de los criminales para salvarnos a nosotros de la muerte eterna (Lucas 23:22).
- El Señor Jesús pagó con su sangre la deuda que nosotros jamás podríamos pagar (Apocalipsis 1:5).
- Nació en un pesebre y vivió con humildad siendo el Rey de reyes y Señor de señores (Lucas 2:7).

Pudiera continuar escribiendo cientos de páginas, enumerando todas las cosas a las que nuestro Señor Jesús renunció para cumplir con los propósitos de Dios y para traer salvación a este mundo (Juan 3:16). Jesús usó todo su poder dado por el Padre para llevar a cabo sus propósitos, pero jamás perdió sus derechos, al contrario, al final de su ministerio Él mismo declaró: «*Toda potestad* (todo el poder) me es dada en el cielo y en la tierra» (Mateo 28:18). Seamos humildes, no tenemos nada que perder, más bien, tendremos poder cuando imitemos el carácter de Cristo, a fin de que los débiles sean fortalecidos y nosotros con ellos.

El verdadero poder no consiste en mantenerse en la cima

Nuestro Señor llegó a la cima del monte Calvario donde fue crucificado y derramó hasta la última gota de su sangre por nuestros pecados; pero también, fue en esa cumbre donde Él pronunció las palabras más gloriosas de su victoria: «*Consumado es*» (Juan 19:30). La obra de la redención estaba completa, y aunque el cuerpo de Jesús fue retirado de la Cruz ese mismo día para ser sepultado, las cosas no terminaron ahí. El Señor entonces, en su espíritu, descendió a las partes más bajas de la tierra (Efesios 4:8-10).

En cuanto a esto de descender a las partes más bajas de la tierra, una vez más tenemos que aprender de Cristo, quien, aunque en su vida terrenal siempre poseyó las dos naturalezas (la humana y la divina) no fue sino hasta su muerte en la cruz (en su naturaleza divina, pues la humana, su cuerpo, estaba sepultado en la tumba), que descendió a las partes más bajas de la tierra. Su naturaleza humana había cumplido su propósito al morir, pues luego de su resurrección, su cuerpo ya no estuvo jamás sujeto a las limitaciones humanas; y aunque en su ministerio terrenal sanó enfermos, dio vista a los ciegos, resucitó muertos y echó fuera demonios, sólo después de su muerte descendió a las partes más profundas de la tierra y llevó cautiva la cautividad.

Algunos teólogos concluyen que esos cautivos eran personas justas que tuvieron la oportunidad de conocer a su Mesías prometido, quien un día vendría para traer liberación a sus vidas, y Jesús quiso honrar su fe dándoles la liberación que tanto esperaron mientras vivieron.

Ese es el poder que Cristo prometió a sus discípulos, por eso esperaron en fe en el aposento alto hasta que fueron llenos del poder del Espíritu Santo: «*Lo que es nacido de la carne, carne es; y lo que es nacido del Espíritu, espíritu es*» (Juan 3:6).

Todos nacemos de la carne y somos bendecidos con grandes capacidades, y aunque tenemos un cuerpo, un alma y un espíritu, nuestra humanidad sigue teniendo muchas limitaciones en lo natural. Sin embargo, cuando nacemos del espíritu, nacemos en lo sobrenatural, y a pesar de que lo natural no desaparece, en este nuevo nacimiento predomina el poder sobrenatural en nosotros (Juan 3:3).

Cuando nacemos de nuevo —en el espíritu— el Espíritu de Dios toma el control de nuestra vida y es Él quien nos guía, nos da el poder y nos enseña todo lo que necesitamos saber para que honremos a Dios y vayamos de poder en poder. Estas cosas definitivamente son imposibles mediante nuestra pobre y débil naturaleza humana; por eso Pablo dijo: «*Todo lo puedo en Cristo que me fortalece*» (Filipenses 4:13).

Capítulo 17

EL PODER
DE LA ORACIÓN

La oración es como una carretera de dos vías: El hombre àpide a Dios ayuda; Dios àescucha y responde.

También la oración se define como un diálogo entre dos personas. Mientras el uno habla, el otro escucha, y éstos desarrollan una buena comunicación.

La comunicación correcta de nosotros con Dios es esta: El hombre ora, Dios escucha; Dios habla, el hombre escucha. Así es como debería desarrollarse nuestra comunicación cuando hablamos con Dios, lamentablemente no siempre tenemos la sensibilidad para escuchar su voz.

A veces Dios nos habla mediante su Palabra para enseñarnos su sabiduría, para que no sigamos cayendo en el problema que nos motivó a buscar su ayuda, pero nosotros —muchas veces— cerramos nuestros oídos para no escuchar la dirección del Señor.

El Señor quiere llevarnos siempre de victoria en victoria, no de derrota en derrota; por lo cual, debemos aprender a escuchar su voz a fin de conocer lo que Él quiere para nuestra vida. Muchos cristianos se quejan argumentando que Dios no los escucha, pero en realidad quienes no escuchan son ellos. Dios siempre escucha (1 Reyes 8:30), Él es un Dios misericordioso.

A diferencia de los dioses paganos que están muertos, pues no ven, no oyen, ni hablan (1 Reyes 18:24, 28, 29), Dios jamás nos dejará avergonzados. Cuando, por ejemplo, Elías, oró a Dios frente a los adoradores de Baal, quien tan sólo existía en las mentes oscurecidas de sus adoradores, hubo una tremenda respuesta de Dios desde el cielo, el respondió por fuego. Ahí, Dios demostró a todos que Él escucha la oración de sus siervos.

ESCUCHAR LA VOZ DE DIOS NOS LLENA DE PODER

Cuando contamos con el poder de Dios, hasta las cosas o situaciones más difíciles —cuando ha desaparecido todo temor de nosotros— se vuelven divertidas. En esos momentos, el Señor permite que hagamos cosas ilógicas para el mundo. Elías fue uno de esos casos, pues él, ante la vista perpleja de sus enemigos, hizo lo que nadie imaginaría. En este caso, puesto que se trataba de que el holocausto se quemara por completo, lo normal era poner en el altar leña totalmente seca, para que ardiera más rápido, ¡no leña verde o húmeda! Eso, por supuesto, haría más dificultoso y hasta imposible encender un fuego; por tanto, la acción de Elías era algo absurdo para el mundo.

El profeta fue en contra de la razón humana, e hizo que se vertieran sobre el holocausto doce cántaros llenos de agua, sobre la leña y sobre el animal que habría de ofrecerse a Dios. Es de suponerse que todos los espectadores pensaron que Elías estaba haciendo algo ridículo, algo ilógico y hasta irresponsable (pues parecía que se empeñara en que las cosas le salieran mal).

Recordemos que el acuerdo era que nadie debería prender fuego a su ofrenda, sino que cada quien oraría a su respectivo Dios y el que respondiera con fuego sobre el holocausto preparado, ese sería el Dios verdadero, no sólo en Israel sino sobre toda la tierra y para siempre.

¿En qué se estaba basando Elías para hacer lo que hizo? Él sabía que no era un juego; y el sentido común decía a todos que verter agua sobre el sacrificio sería en su contra. Sin embargo, Elías tenía plena confianza en Dios; sabía que, al orar, el Todopoderoso le escucharía. Elías, como siervo de Dios que era, escuchó y obedeció las indicaciones que Dios le dio, y por tal razón, él sabía que Dios no necesitaba leña seca ni ninguna otra clase de combustible para que ardiera el holocausto. ¡Sería el fuego de Dios el que sería derramado sobre aquel altar!

No hay desafío que el fuego de Dios no pueda consumir; tan sólo tenemos que escuchar con mucha atención la voz de Dios y seguir sus instrucciones al pie de la letra, aunque para el mundo que nos observa sea una locura o algo sin sentido (1 Reyes 18:30-39).

Tan sólo siga las instrucciones del Señor

Dios sigue siendo un Dios de amor, pero también Él es fuego consumidor. El ejemplo bíblico antes expuesto sigue vigente, y Santiago lo tenía presente cuando escribió para la Iglesia en Santiago 5:16-18. Ahí él escribe que el profeta era una persona común, con debilidades iguales a las nuestras; y hoy en día, la única diferencia entre el profeta y algunos de nosotros es que cuando Elías oraba procuraba escuchar la voz de Dios con un corazón obediente y mucha fe, a fin de cumplir diligentemente con Sus instrucciones.

No es necesario ser personas perfectas para desarrollar una buena relación con Dios. Si lloramos constantemente ante Él comunicándole nuestras necesidades, si nos humillamos ante su presencia para aprender a escuchar su voz, y si ponemos por obra todas sus indicaciones, entonces estaremos en el camino correcto para alcanzar la perfección.

Nuestra meta final no debe ser conformarnos a la persona de Elías, más bien, debemos seguir el ejemplo de Cristo mismo: Él es nuestro máximo ejemplo a seguir. Por lo cual, no hay «seguidores de Elías» sino sólo cristianos que escuchan la voz de Dios. No existe ninguna otra opción que nos ofrezca mejores resultados en nuestra vida cristiana. El deseo de Dios es —y ha sido siempre— hablarnos, que lo conozcamos y darnos todo lo que necesitamos.

DIOS NOS HABLA HOY COMO HABLÓ EN EL PASADO

«Dios, habiendo hablado muchas veces y de muchas maneras en otro tiempo a los padres por los profetas, en estos postreros días nos ha hablado por el Hijo, a quien constituyó heredero de todo, y por quien asimismo hizo el universo» (Hebreos 1:1-2).

Dios habla a nuestra vida hoy como habló a sus siervos en el pasado. Él habló a Moisés, quien desarrolló una gran sensibilidad a la voz de Dios y se mantuvo en temor al Todopoderoso Creador de todas las cosas. Así fue que respondió Dios a Moisés: *«Yo soy el que soy. Y dijo: Así dirás a los hijos de Israel: Yo soy me envió a vosotros»* (Éxodo 3:14).

Dios habló a Samuel cuando el pueblo de Israel pasaba por una horrible decadencia espiritual y moral, y con voz audible le habló por su nombre tres veces: *«Y vino Jehová y se paró, y llamó como las otras veces: ¡Samuel, Samuel! Entonces Samuel dijo: Habla, porque tu siervo oye»* (1 Samuel 3:10).

Es posible que alguien piense que eso tan sólo sucedía en el pasado, con un tipo de gente especial. Sin embargo, la Palabra nos dice que Dios continúa hablando hoy: *«En estos postreros días nos ha hablado por el Hijo, a quien constituyó heredero de todo, y por quien asimismo hizo el universo»* (Hebreos 1:2).

DOS EJEMPLOS DEL NUEVO TESTAMENTO

Sólo mencionaré dos personajes del Nuevo Testamento que tuvieron la dicha de encontrarse frente a frente con el Señor, hablar con Él y escuchar la calidez de su voz. El primero es el apóstol Pablo (Hechos 9:3-4). ¡Usted ya sabe que la vida de este hombre cambió radicalmente cuando escuchó la voz del Cristo resucitado!

Aun cuando Pablo, en su ignorancia, ni siquiera estaba en oración, ni buscando escuchar la voz del Señor, sino más bien persiguiendo a los cristianos para encarcelarlos, al oír la voz del Señor supo que estaba persiguiendo al mismísimo Cristo, que no sólo hacía daño a los seguidores del Señor, sino a Él mismo (Hechos 9:4-5).

El segundo ejemplo es el apóstol Juan. El apóstol Juan, después de invertir gran parte de su juventud sirviendo al Señor, y siendo ahora ya un anciano, estaba desterrado como prisionero en la isla de Patmos; pero aún allí, abandonado por todos, seguía fiel al Señor. Pues bien, gracias a la consagración de este gran siervo de Dios, es que tenemos la gran revelación de los acontecimientos futuros para toda la humanidad de todos los tiempos: la narración del Apocalipsis.

No es mi intención ignorar el contenido de tan maravillosa revelación, sino que, puesto que no es el objetivo de este libro entrar en detalles respecto a este escrito, tan sólo compartiré una explicación breve de las declaraciones de Juan en Apocalipsis 1:9-10. Ojalá que ello le inspire a descubrir la actitud que llevó al Apóstol a tener ese encuentro maravilloso con el Señor, aun cuando en su mente le era difícil sentirse gozoso.

Juan escribe diciendo: «*Yo Juan, vuestro hermano, y copartícipe vuestro en la tribulación, en el reino y en la paciencia de Jesucristo, estaba en la isla llamada Patmos, por causa de la palabra de Dios y el testimonio de Jesucristo*» (Apocalipsis 1:9).

Esta declaración de Juan nos enseña que aún en las peores condiciones, tribulaciones y diversas pruebas por causa de Cristo, siempre tendremos algo maravilloso que compartir con nuestros hermanos que sufren igual que nosotros. Nótese lo que compartían estos hermanos:

⇒ Las tribulaciones de Jesucristo
⇒ El reino de Jesucristo
⇒ La paciencia de Jesucristo

Esto nos enseña a tener buenas relaciones con nuestros hermanos en las buenas y en las malas, a que siempre mantengamos una actitud correcta. Juan continúa diciendo: «*Yo estaba en el*

Espíritu en el día del Señor, y oí detrás de mí una gran voz como de trompeta» (Apocalipsis 1:10).

Como todo buen judío, Juan guardaba el día del Señor. Este era un día especial, el sábado, el cual era guardado según las ordenanzas de la ley; y aunque Juan era cristiano, él aprovechaba ese día de reposo para orar y consagrarse a Dios.

ANDEMOS EN EL ESPÍRITU SI QUEREMOS ESCUCHAR LA VOZ DE DIOS

Lo importante es vivir permanentemente en el Espíritu, no para presumir a los demás de que somos muy espirituales, sino tan sólo porque la palabra de Dios así lo demanda: «*Si vivimos por el Espíritu, andemos también por el Espíritu*» (Gálatas 5:25).

Si queremos escuchar la voz de Dios y seguir siendo guiados por el Espíritu Santo, el consejo de la palabra de Dios es que, si vivimos por el Espíritu, también andemos siempre en el Espíritu. Si el Señor se identifica con nosotros, también nosotros debemos identificarnos con Él; y así como el Señor habló por medio de Juan a aquellas siete iglesias, también —si andamos en el Espíritu— Él se identificará con nosotros (Apocalipsis 1:11).

Cuando Dios habla a sus siervos siempre tiene un propósito. Dios quiere darse a conocer más profundamente a nosotros; Él quiere hablar con su creación para comunicar sus planes para el tiempo presente y para el futuro, por eso nos dice a través de las Sagradas Escrituras: «*Si oyereis hoy su voz, No endurezcáis vuestros corazones*» (Hebreos 3:15).

NOS COMUNICAMOS CON DIOS MEDIANTE EL ESPÍRITU

Cuando nacemos de nuevo, Dios restaura nuestro corazón sensibilizándolo para que podamos oír su voz, y de esta forma, entablar una relación más íntima con cada uno de nosotros; el nuevo nacimiento produce cambios grandiosos en nuestro ser (Ezequiel 36:25-28).

La sangre de Cristo nos limpia de toda inmundicia de pecado, y Dios nos da un corazón nuevo: Él reemplaza el corazón de piedra endurecido e insensible por un corazón de carne, sensible para escuchar la voz de Dios, reconocerla y obedecer haciendo su voluntad. Es entonces que anhelamos oír la voz de Dios a fin de conocer su voluntad y así vencer en esta vida, dentro de un mundo endurecido por el pecado (2 Timoteo 4:1-5).

Todos tenemos la capacidad de hablar con Dios, pues Él nos creó a su imagen y semejanza: tenemos inteligencia, sentimientos y voluntad (el alma); asimismo, Él nos dio un cuerpo, y un espíritu (1 Tesalonicenses 5:23). Por medio del espíritu nos comunicamos con Dios, lo escuchamos y Él nos escucha. El alma es la esfera emocional y mental del hombre, en donde se originan los sentimientos. Dios no se comunica con el hombre por medio de su alma sino por medio de su espíritu; tampoco nos habla por medio del cuerpo, Dios no habla a la carne sino a nuestro espíritu; sin embargo, debemos mantener nuestro espíritu sano, limpio de toda contaminación pecaminosa.

CONOCER LA VOZ DE DIOS

Discernir la voz de Dios entre otras voces es una necesidad, una necesidad nuestra no de Dios. Él conoce nuestra voz porque nuestra voz es la voz de nuestra conciencia, por tal razón debemos presentarnos ante Dios con una limpia conciencia. Limpia de todo el pecado que nos acedia: del resentimiento, de la amargura, de la falta de perdón, de las iras y de las contiendas. Una conciencia limpia siempre tiene acceso al cielo cada vez que buscamos a Dios en oración (Romanos 9:1).

Cualquier otra voz puede ser engañosa; por ejemplo, la voz de nuestro corazón a veces puede engañarnos (porque, *engañoso es el corazón más que todas las cosas, y perverso; ¿quién lo conocerá?*, Jeremías 17:9). La voz de satanás es la voz del engañador. Recordemos que satanás es un imitador de la voz de Dios, él usa nuestro razonamiento y muchos son engañados. La voz de la religión, por ejemplo, es una de las mejores armas que el diablo ha usado para llevar al ser humano a la condenación eterna.

¿Cómo podemos reconocer las voces que no son de Dios?

- ⇒ Con ayuno y oración
- ⇒ Orando en el espíritu
- ⇒ Mediante la palabra de Dios
- ⇒ Teniendo madurez espiritual
- ⇒ Con mucho ejercicio espiritual

Alguien dijo que orar no es prepararse para la guerra espiritual, «*orar es la guerra*». Porque cuando oramos Dios nos habla y nos da las estrategias que nos asegura la victoria. En resumen, podemos decir que la clave fundamental para oír la voz de Dios, además de una vida de oración y de la dirección del Espíritu Santo, es *la obediencia a su voz*.

Una de las razones por lo cual Dios deja de hablarnos es porque no estamos dispuestos a obedecer. La palabra obediencia implica dos cosas de suma importancia; hay dos palabras griegas que definen muy bien este importantísimo concepto; la primera es: «*Akouo*» qué significa oír para obedecer. La segunda palabra griega es «*Bupakouo*» qué significa persuadir, escuchar, oír para hacer.

En el ámbito espiritual, la palabra *obediencia* es poner por obra lo que Dios nos ordena que hagamos, y eso es lo que Dios espera de cada uno de nosotros como cristianos. Él espera que prosperemos en nuestra relación con Él.

Dios espera que estemos persuadidos (convencidos) de la verdad de su Palabra; que no seamos oidores olvidadizos, sino hacedores de su santa voluntad. La belleza de la palabra de Dios mantendrá la puerta abierta para entrar confiadamente a la presencia del Señor en oración, a fin de escuchar su voz y ser bendecidos para bendecir a otros.

Capítulo 18

EL PODER
DE LA ESPERANZA

La esperanza es clasificada como uno de los dones del espíritu, y este don está íntimamente relacionado con el don de fe y el del amor:

«Y ahora permanecen la fe, la esperanza y el amor, estos tres; pero el mayor de ellos es el amor» (1 Corintios 13:13).

Aunque los dones espirituales son habilidades que Dios da a los miembros del cuerpo de Cristo no significa que son eternos, un día (cuando pasen el cielo y la tierra) cesarán; y ese día permanecerán solo tres cosas: la fe, la esperanza y el amor.

El sustantivo griego *«elpis»* y el verbo *«elpizo»* en la mayoría de las veces es traducido como esperanza. El concepto vivir con esperanza no es una común expectación o deseo —como la amplía la literatura griega—, más bien, el concepto bíblico incluye la confianza.

El diccionario de la Real Academia Española define la palabra o verbo esperanza como confianza, certeza, fe y seguridad. La esperanza es el poder o la capacidad de esperar y esperar es confiar, creer, permanecer en fe, creyendo que aquello que anhelamos vendrá. Un refrán muy conocido dice: «Mientras hay vida hay esperanza», sin embargo, la esperanza cristiana es precisamente lo contrario: «Mientras hay esperanza hay vida». La Biblia dice: «...*a quienes Dios quiso dar a conocer las riquezas de la gloria de este misterio entre los gentiles; que es Cristo en vosotros, la esperanza de gloria*» (Colosenses 1:27).

La esperanza es expectativa

La esperanza también es una expectativa, una expectativa confiada en Cristo, en su sacrificio y en su resurrección. La esperanza de que, como Dios levantó de entre los muertos a Jesús, también levantará a todos aquellos que confían en Él. Jesús dijo: «*Yo soy la resurrección y la vida; el que cree en mí, aunque esté muerto, vivirá*» (Juan 11:25).

Jesús mismo hizo esta gloriosa promesa antes de su muerte, antes de su resurrección y ascensión al cielo. Esto también nos habla de la esperanza de Jesús mismo: de que, al finalizar su obra redentora, retornaría al seno del Padre, de donde también había salido. Esa fue la misma esperanza que sembró en los corazones de aquellos que creyeron en Él; y así como en la vida de Cristo se cumplieron todas las expectativas que fueron de Él profetizadas desde su nacimiento, también se cumplirá todo lo que Jesús dijo respecto a sus discípulos. Por tanto, confiamos en sus promesas.

«*No se turbe vuestro corazón; creéis en Dios, creed también en mí. En la casa de mi Padre muchas moradas hay; si así no fuera, yo os lo hubiera dicho; voy, pues, a preparar lugar para vosotros. Y si me fuere y os preparare lugar, vendré otra vez, y os tomaré a mí mismo, para que donde yo estoy, vosotros también estéis*» (Juan 14:1-3).

Las promesas de Dios son eternas, y esta gran verdad genera una bendita esperanza dentro del corazón de cada cristiano. Confiamos que lo que Dios ya hizo en el pasado por los suyos lo hará también por nosotros ahora, porque Él no cambia, Él es el mismo ayer, hoy y por siempre (Hebreos 13:8).

La esperanza debe ser bien dirigida

El ser humano debe entender que todo está bajo el control de Dios; sin embargo, el concepto del mundo respecto a la esperanza es distinto. Ellos ponen su esperanza en las criaturas antes que en el Creador.

✣ *El mundo confía en las riquezas*

«*Si yo tuviese hambre, no te lo diría a ti; Porque mío es el mundo y su plenitud*» (Salmo 50:12); «*Pero yo estoy como olivo verde en la casa de Dios; En la misericordia de Dios confío eternamente y para siempre*» (Salmo 52:8). Las riquezas son una fuente engañosa, y los que ponen su esperanza en ellas están expuestos al fracaso, ya que las riquezas son inestables; pero Dios, quien es el dueño de todo —y siendo Él tan misericordioso—, siempre estará dispuesto a ampararnos y socorrernos.

✣ *El mundo confía en los palacios*

Si estamos apartados de Dios, ningún lugar en este mundo es realmente seguro. Es posible que para muchos su seguridad y esperanza esté en la zona residencial exclusiva en que actualmente viven; sin embargo, muchos de ellos también viven en conflictos (porque la maldad está en todas partes, y no hay poder en la tierra que pueda inmunizar al hombre de todo el mal que le rodea); por tanto, tan sólo cuando habitamos bajo el abrigo de Dios tendremos completa paz.

«*Y mi pueblo habitará en morada de paz, en habitaciones seguras, y en recreos de reposo*» (Isaías 32:18). La esperanza de la protección divina no tiene límites porque nuestro Señor tiene autoridad y poder en el cielo y en la tierra, y sobre toda circunstancia. «*Y Jesús se acercó y les habló diciendo: Toda potestad me es dada en el cielo y en la tierra*» (Mateo 28:18).

✣ *El mundo deposita su confianza en los príncipes*

La confianza puesta en príncipes o gobernantes es otro gran error que el mundo comete. «*No confiéis en los príncipes, Ni en hijo de hombre, porque no hay en él salvación. Pues sale su aliento, y vuelve a la tierra; En ese mismo día perecen sus pensamientos*» (Salmo 146:3-4).

Ningún príncipe o gobernante tiene el poder para traer soluciones completas a su pueblo. Primero, porque cada persona tiene sus propias necesidades y él es incapaz de resolver cada una de ellas; segundo, porque, aunque tenga los recursos, no puede permanecer por siempre; pues pronto desaparece, muere y la esperanza de muchos es frustrada, ya que su lugar es tomado por otro gobernante con ideas diferentes. Sólo Dios tiene todos los recursos para traer esperanza y seguridad al mundo.

«*Bienaventurado aquel cuyo ayudador es el Dios de Jacob, Cuya esperanza está en Jehová su Dios*» (Salmo 146:5). Los imperios del mundo tienden a desaparecer, pero el reino de los cielos permanece para siempre. La Biblia dice también: «*Y los egipcios hombres son, y no Dios; y sus caballos carne, y no espíritu; de manera que al extender Jehová su mano, caerá el ayudador y caerá el ayudado, y todos ellos desfallecerán a una*» (Isaías 31:3).

Nuestra única fuente de poder y en el cual debemos de poner toda nuestra esperanza es Dios. Él es la Roca inconmovible en dónde podemos estar seguros y confiados. Sólo en Él encontraremos el poder para vivir con esperanza en medio de cualquier circunstancia.

✠   *El error de confiar en la religión*

El pueblo de Israel había caído en un grave error religioso, y es por ello que el profeta Jeremías les exhorta a que rectifiquen sus vidas, a fin de ser tenidos por dignos de ocupar el templo del Señor en Jerusalén (Jeremías 7:1-7). Jeremías exhorta a su pueblo a buscar una relación más íntima con el Señor; les dice que presten más atención a la palabra de Dios que al ritualismo, porque ellos eran más fieles al templo y adoraban más al templo que al Dios que moraba en el templo, por tal razón Dios les hace las siguientes recomendaciones: primero, los exhorta a mejorar sus caminos; «*Así ha dicho Jehová de los ejércitos, Dios de Israel: Mejorad vuestros caminos y vuestras obras, y os haré morar en este lugar*» (v.3). En otras palabras, Dios les advierte que si no mejoran sus vidas; si no deponen su orgullo y se proponen a cumplir los designios de Dios y a disfrutar de su presencia, entonces ese templo que tanto adoran les sería quitado: «*No fiéis en palabras de mentira, diciendo: Templo de Jehová, templo de Jehová, templo de Jehová es este*» (v.4).

El orgullo religioso desvía la adoración que corresponde solo a Dios a las cosas terrenales, incluyendo los santuarios dedicados al Dios verdadero. Los judíos adoraban al templo antes que a Dios, motivo del templo; adoraban más la belleza y la gloria de un edificio que a Dios, y no les interesaba practicar la santidad y la justicia requerida por el Todopoderoso (vv. 4-7).

Así que, tan sólo en Dios se mantiene firme nuestra esperanza: «*Confiad en Jehová perpetuamente, porque en Jehová el Señor está la fortaleza de los siglos*» (Isaías 26:4).

La esperanza respecto a Israel

Esta esperanza está puesta en la promesa divina de que Dios establecería el trono de David para siempre: «*Y cuando tus días sean cumplidos, y duermas con tus padres, yo levantaré después de ti a uno de tu linaje, el cual procederá de tus entrañas, y afirmaré su reino*» (2 Samuel 7:12).

Israel, al igual que todos los pueblos del mundo, es pecador y también una y otra vez ha violado los mandamientos de Dios; sin embargo, cuando Cristo establezca su reino en la tierra, Israel será restaurado conforme a la promesa y el pacto de Dios.

La esperanza de la Iglesia de Cristo

La esperanza del cristiano está puesta en Dios, quien resucitó de los muertos a Jesús y en quien esperamos. Nuestra redención total ha sido ya consumada, esto es: nuestras almas han sido lavadas con la sangre de Cristo; sin embargo, todavía esperamos la redención de nuestros cuerpos y que Dios nos haga vivir con Él eternamente. «*Pero tuvimos en nosotros mismos sentencia de muerte, para que no confiásemos en nosotros mismos, sino en Dios que resucita a los muertos; el cual nos libró, y nos libra, y en quien esperamos que aún nos librará, de tan gran muerte*» (2 Corintios 1:9-10).

La esperanza de la Iglesia está puesta en Cristo (1 Timoteo 1:1). Esta esperanza no tiene comparación con la esperanza del mundo, porque es lo que identifica al cristiano con el Señor Jesucristo, «*a quienes Dios quiso dar a conocer las riquezas de la gloria de este misterio entre los gentiles; que es Cristo en vosotros, la esperanza de gloria*» (Colosenses 1:27).

Esta gloriosa esperanza no es un mero presentimiento; tampoco un sentimiento fugaz, sino que es debido a la misma presencia de Cristo, la que vive en nuestros corazones por su Espíritu, que nos ha sido dada esta gloria de Dios. El cristiano fiel que permanece en Cristo tiene la presencia misma de Dios en él o ella, y no existe ningún otro energizante, ni ninguna otra cosa que le dé más fortaleza que la presencia gloriosa de Cristo en su corazón.

«*Jesús les dijo: Yo soy el pan de vida; el que a mí viene, nunca tendrá hambre; y el que en mí cree, no tendrá sed jamás*» (Juan 6:35).

Esta esperanza debe alimentarse para que nuestras almas estén siempre satisfechas y fortalecidas en Cristo: «*desead, como niños recién nacidos, la leche espiritual no adulterada, para que por ella crezcáis para salvación*» (1 Pedro 2:2). Cuando el cristiano se alimenta con la palabra de Dios, crece y se fortalece en la fe, esa fe producirá en él o ella esta bendita esperanza de gloria.

Existen dos razones poderosas para confiar en las promesas de Dios:

1. <u>Porque Cristo ha traído salvación por medio de su vida, muerte y resurrección</u>. «Y les dijo: Así está escrito, y así fue necesario que el Cristo padeciese, y resucitase de los muertos al tercer día» (Lucas 24:46). Todas las promesas de Dios se cumplen en Cristo, pues la Biblia dice: «*Porque todas las promesas de Dios son en él Sí, y en él Amén, por medio de nosotros, para la gloria de Dios*» (2 Corintios 1:20).

2. <u>Porque existe una real unidad entre el Padre y el Hijo</u>.

En cuanto a su naturaleza, la Biblia declara: «*En el principio era el Verbo, y el Verbo era con Dios, y el Verbo era Dios*» (Juan

1:1). En cuanto a la obra de la redención: «*Por cuanto agradó al Padre que en él habitase toda plenitud, y por medio de él reconciliar consigo todas las cosas, así las que están en la tierra como las que están en los cielos, haciendo la paz mediante la sangre de su cruz*» (Colosenses 1:19-20). El punto central de la esperanza en el Nuevo Testamento es la segunda venida, en Cristo está la esperanza bienaventurada de la Iglesia. «*Aguardando la esperanza bienaventurada y la manifestación gloriosa de nuestro gran Dios y Salvador Jesucristo*» (Tito 2:13).

Los cristianos podemos vivir confiadamente el presente, y enfrentar con gozo el futuro desafiando victoriosos cada una de las pruebas, porque sabemos que *las tribulaciones producen en nosotros paciencia; y la paciencia prueba; y la prueba esperanza* (Romanos 5:3-4).

La esperanza cristiana es un regalo de Dios. Este regalo de la esperanza es una seguridad y firmeza en lo que anhelamos en Cristo, y estas cosas mantienen firme nuestra fe. «*Es, pues, la fe la certeza de lo que se espera, la convicción de lo que no se ve. Porque por ella alcanzaron buen testimonio los antiguos*» (Hebreos 11:1-2).

CONCLUSIÓN

A lo largo de este libro hemos estado hablando del tema del poder espiritual del cristiano. He explicado ya que cada uno de aquellos que han entrado en el precioso reino de Dios mediante la sangre de Jesús tenemos acceso a este poder. Un poder que nos hace victoriosos en contra de todo ataque del enemigo, y nos ayuda a avanzar gloriosamente en el propósito de Dios en nuestra vida.

La explicación de cada uno de los aspectos que envuelve este poder no podría ser exhaustiva en este libro; sin embargo, estoy seguro de que luego de su lectura, usted tiene ahora un mejor panorama de aquello a lo que tenemos derecho en Cristo, y de nuestras responsabilidades para alcanzar y mantener este poder de Dios.

El papel del Espíritu Santo es clave en este poder, es por ello que Jesús habló de la envestidura del poder de lo alto cuando el Espíritu Santo fuera derramado sobre los discípulos. Ahora, casi 2,000 años después, ese poder sigue estando disponible para cada cristiano. Tan sólo basta que creamos que lo recibiremos y oremos con todas nuestras fuerzas y todo nuestro corazón para obtenerlo.

Nunca la voluntad de Dios fue que el cristiano viviera una vida de debilidad espiritual. ¡No! Más bien, el Señor ha provisto para nosotros todo el poder que tuvo Cristo Jesús cuando estuvo en la tierra mediante la llenura del Espíritu Santo. Es natural que todos busquemos tener poder, pero Dios quiere que realmente lo anhelemos, por ello es que, en ocasiones, el cristiano tiene que estar en oración y ayuno pidiendo por este poder, hasta que el Señor se lo dé.

El Señor nuestro es bueno y generoso, y todo aquel que pide con fe y es constante en su oración, recibirá de Dios este maravilloso regalo: el Espíritu Santo, y con Él, el poder que Dios ha prometido.

Indudablemente el poder de Dios tiene muchos aspectos, de los cuales hablo en este libro, y si usted es cuidadoso y pone atención a los pasajes y a las explicaciones que aquí se dan, este libro será de gran valor en su caminar cristiano.

PALABRA PURA
palabra-pura.com

La editorial Palabra Pura está dedicada a crear materiales de educación cristiana para el estudio personal, la iglesia e institutos bíblicos. Usted puede consultar los recursos que ofrecemos en nuestra página web:

www.Palabra-Pura.com

Confiamos que la lectura de este libro haya sido de gran bendición para su vida. Mucho nos ayudará a seguir adelante si nos otorgara tan sólo unos minutos de su valioso tiempo para escribir un comentario positivo respecto a este libro **en la pagina de Amazon** (no es necesario comprar el libro para escribir su opinión o *review*).

Gracias por ser parte de nuestra comunidad de lectores y darnos el privilegio de servirle.
¡Dios le bendiga!

www.ingramcontent.com/pod-product-compliance
Lightning Source LLC
Chambersburg PA
CBHW072017110526
44592CB00012B/1339